_____ 님의 소중한 미래를 위해
이 책을 드립니다.

왜 사는지 모르겠을 때
테드를 봅니다

왜 사는지 모르겠을 때
테드를 봅니다

박경수 지음

메이트북스

메이트북스 우리는 책이 독자를 위한 것임을 잊지 않는다.
우리는 독자의 꿈을 사랑하고,
그 꿈이 실현될 수 있는 도구를 세상에 내놓는다.

왜 사는지 모르겠을 때 테드를 봅니다

초판 1쇄 발행 2020년 4월 20일 **|** **지은이** 박경수
펴낸곳 (주)원앤원콘텐츠그룹 **|** **펴낸이** 강현규 · 정영훈
책임편집 유지윤 **|** **편집** 안정연 · 최예원 **|** **디자인** 최정아
마케팅 이기은 **|** **홍보** 이선미 · 정채훈 · 정선호
등록번호 제301-2006-001호 **|** **등록일자** 2013년 5월 24일
주소 04607 서울시 중구 다산로 139 랜더스빌딩 5층 **|** **전화** (02)2234-7117
팩스 (02)2234-1086 **|** **홈페이지** www.matebooks.co.kr **|** **이메일** khg0109@hanmail.net
값 15,000원 **|** **ISBN** 979-11-6002-279-7 03190

이 도서의 국립중앙도서관 출판시도서목록(CIP)은 e-CIP홈페이지(http://www.nl.go.kr/ecip)에서
이용하실 수 있습니다.(CIP제어번호 : CIP2020014001)

"우리가 왜 사는지, 무엇 때문에 사는지에 대한
질문을 포기하지 마.
그 질문을 포기하는 순간,
우리의 낭만도 같이 나는 거다. 알았냐?"

• 드라마 〈낭만닥터〉, 닥터 부용주의 말 •

내가 살아갈 이유를 테드에서 찾다!

알람시계가 울리면 일어나자마자 분주하게 출근 준비를 합니다. 시간은 너무 빨리 흘러 아침밥 먹을 시간도 없습니다. 출근해서는 쉴 새도 없이 보고서 작성, 회의, 외근으로 금세 퇴근 시간이 다가옵니다. 하지만 아직도 밀린 일이 있어 야근을 합니다. 퇴근 후에는 집에서 누구와 도란도란 이야기할 겨를도 없이 곯아떨어집니다.

한때는 이런 생활이 의미 있게 느껴졌습니다. 하지만 나이가 들고 시야가 넓어지면 이상하게 이런 생활이 지루하게 느껴지며 '나는 무얼 위해 일을 하는가'라는 생각이 듭니다.

어쩌면 사치스런 생각일지도 모릅니다. 하지만 이를 사치스럽다고 치부해버리면서 우리의 삶은 고속열차보다 더 빨리 달려가게 됩니다. 삶의 종착역이 어딘지도 모르면서 말이죠.

내 삶의 종착역은 어디일까?

이 책은 삶의 종착역을 모른 채 살아가는 사람을 위한 책입니다. 종착역은 목표가 아닙니다. 내가 하는 모든 일이나 행동이 나에게 어떤 의미가 있고, 그 의미 때문에 내가 살아가는 이유가 무엇인지를 아는 것을 뜻합니다.

테드TED에는 이런 종착역을 알려주는 내용이 많습니다. 테드 강연을 듣다 보면 우리가 흔히 말하는 '세속적인' 느낌보다는 '이상적인' 느낌이 많이 듭니다. 하지만 그 울림은 어떤 세속적 메시지보다 강력합니다. 처음에는 '아, 이런 사람도 있구나'라는 생각이 듭니다. 그런데 듣다 보면 '음, 나는 뭐지?'라는 생각을 하게 됩니다. 더 듣다 보면 '나는 지금 어떤 삶을 살고 있지?' '어떤 삶을 살아가야 하지?' '나는 누구지?'라는 질문을 던지게 됩니다. 점점 본질적인 질문을 던지게 되는 것입니다.

주변에는 수많은 강연들이 있습니다. 그런데 테드 강연이 더욱 의미 있는 건 '나'를 더 잘 알게 해준다는 겁니다. 단편적인 지식을 알려주는 강연은 너무 많습니다. 하지만 '의미'를 알려주는 강연은 많지 않습니다. 물론 테드가 이런 강연만 있는 건 아닙니다. 테드가 Technology, Entertainment, Design의 약자인 것에서도 알 수 있듯이 말이지요.

여러분이 나를 둘러싼 세상을 조금 더 알고 싶다면 테드 강연을 계속해서 보라고 말하고 싶습니다. 지식 습득이나 영어 공부를 위해 한두 번 듣고 마는 것이 아닌, 강연자가 말하는 의미를 되새겨보라는 것입니다.

사람들은 대부분 어떤 삶의 끝에 와서야 '의미'를 생각합니다. 과거 한 모임에서 만난 분도 그랬습니다. 그분은 대기업에서 승승장구를 했습니다. 하지만 갑자기 몸이 나빠져 퇴사해야 하는 지경에까지 이릅니다. 그는 결국 퇴사를 하고 몸을 추스르면서 맹렬히 달렸던 자신의 삶에 대해 고민했다고 합니다.

테드 강연을 통해서도 이런 분들이 많습니다. '의미'를 다시 생각해보는 시간을 통해 삶의 방향을 다시 설정해가는 것입니다.

오늘 내가 살아갈 이유는 무엇인가?

한 소녀가 있습니다. 그녀는 독서광이었던 데다 누구에게도 지기 싫어하는 성격이었습니다. 치열하게 산 결과 해외대학에서 박사학위를 받고 30세에 세계 100대 대학의 교수가 되었습니다. 하지만 얼마 지나지 않아 말기암 판정을 받았습니다. 결혼을 해서 가족도 있었지만 결국 2년 후 삶을 마감했습니다.

『오늘 내가 살아갈 이유』의 저자 위지안의 이야기입니다. 그녀는 1979년생으로 2011년에 생을 마감했습니다. 그녀는 말기암 선고 이후 이 책을 쓰면서 비록 짧은 시간이지만 삶의 끝에서 자신의 삶을 되돌아보기 시작했습니다. 제 책장 한 귀퉁이에 있던 이 책은 이제는 가장 잘 보이는 곳에 있습니다. 그 이유는 테드 강연이 주는 메시지와 일맥상통하고, 개인적으로도 많은 생각을 하게 해준 책이기 때문입니다.

"여러분은 어디를 향해 가고 있나요?"

"여러분은 어떤 가치를 향해 달려가고 있나요?"

"여러분은 삶의 끝에서 어떤 걸 얻길 원하나요?"

우리는 현재에 살고 있고 우리의 내일은 또 다른 현재입니다. 하지만 정작 삶의 끝에서 우리가 추구했던 가치가 무엇인지 모른다면, 현재 삶의 만족과 불만족은 중요한 것 같지 않습니다. 그때 더 큰 상실감을 느낄 수 있기 때문입니다.

위지안은 『오늘 내가 살아갈 이유』에서 인생에 대해 다음과 같이 이야기합니다.

"인생이란 아무것도 안 하면서 살기엔 너무 소중하고, 출세만을 위해 살기에는 너무 값지다. 혼자 깨어 있는 적막한 시간에 마음 깊은 곳에서 영혼의 갈채소리를 들을 수 있을 만큼 뜻있는 삶을 살 수 있다면, 그것이야말로 참 좋은 인생일 것이다."

바쁜 삶을 되돌아보라는 것은 잠시 쉬어가는 중에 자신과 주변을 돌아보라는 것입니다. 나는 무엇을 좋아하고 사랑하는지, 주변 사람들은 나에게 어떤 사람이었는지, 그들이 나를 얼마나 사랑하는지를 생각해보는 겁니다.

내 삶을 찾아 떠나는 여행

저는 2000년대 중반부터 최근까지 진행된 테드 강연 중 우리가 삶의 끝에 이르기 전에 들으면 좋은 강연을 선별했습니다. 심리학, 행동경제학 등 학술에 기반한 내용도 있고 자신의 삶을 이야기한 강연도 있습니다. 이 강연들을 '믿음과 자존감, 감정과 마음챙김, 관계와 소통, 행복과 의미, 성장과 나다움'이란 키워드로 정리했습니다. 여러분의 인생 여행을 위해서 말입니다.

여러분이 '내 삶을 찾아 떠나는 여행'을 한다면, 아마도 자신에 대한 고민을 할 겁니다. 나는 정말 나를 잘 알고 나라는 사람을 믿는지, 추락한 자존감은 어떻게 높여야 하는지 말입니다. 이 여행에서 여러분은 현재 자신의 스토리가 아닌 재구성된 인생 스토리를 만드는 것이 필요합니다.

이 여행이 끝나면 내 마음의 상처를 돌봐주어야 합니다. 나를 힘들게 하는 것은 무엇인지, 어떻게 생각하고 마음관리를 해야 하는지, 다른 사람들과의 관계는 어떻게 하면 좋을지 말입니다. 세상은 나 혼자가 아닌 다른 사람들과 어울려 살아가는 곳이기 때문입니다.

이후에는 나에게 행복과 삶의 의미는 무엇인지 생각해보는 시간이 필요합니다. 무거울 수 있지만 사실 우리 자신을 조금만 생각해보면 금방 알 수 있습니다. 성장하고 나다움을 찾아 삶의 끝에 서 있을 때, 우리는 그 어떤 상실감도 느끼지 않을 것입니다.

이런 삶의 여정이 이 책에서 소개하는 28개의 테드 강연으로는 부족할 겁니다. 하지만 그 여정의 주요 정착역에서 자신을 충분히 되돌아보는 계기가 될 수는 있습니다.

때로는 그들의 스토리를 요약해서, 때로는 재구성해서, 때로는 핵심만 발췌해 전달하려고 했습니다. 중간중간 테드 강연자의 스토리 구성을 위해 그들의 홈페이지, 논문, 책, 블로그 등의 내용을 보며 스토리의 진짜 의미를 담으려 노력했습니다. 스토리에 대한 제 생각도 담았습니다.

사람은 누구나 자신의 스토리를 가지고 있고, 그 스토리를 재구성할 수 있죠. 극적인 반전 드라마로. 그런 드라마는 누가 만들어주지 않습니다. 여러분 스스로 만드는 겁니다. 이 책이 나만의 반전 드라마를 만들고, 나의 삶을 찾아 떠나는 여행의 동반자가 되기를 바랍니다.

CONTENTS

프롤로그 내가 살아갈 이유를 테드에서 찾다!　006

CHAPTER 1

자신을 믿으면 인생 스토리를 바꿀 수 있어

뭔가 부족해
하지만 그게 나를 새롭게 할 거야　018

아직은 아닐 수 있어
하지만 언젠가는 될 거야　028

내성적이라고?
오히려 더 좋은 거 아니야?　036

아직 늦지 않았어
내 인생의 편집자는 나야　044

일단 자신감부터
그러면 미래는 열려　052

낙관적인 건 좋아
하지만 가끔 현실도 보자　060

CHAPTER 2

마음을 다스리고 지금 이 순간을 누려봐

마음의 상처를 치유하는 법도
반드시 배워야 해   070

부정 프레임에 빠지지 마
가능하면 긍정적으로 생각해   078

스트레스 받지 마
생각만 조금 바꾸면 돼   086

바쁜 삶을 일시정지
잠시 자신을 돌아봐   096

매일 하루 10분
내 마음을 챙겨봐   106

CHAPTER 3

관계에 좀 서툴러도 진정성이 더 중요해

어떻게 들을 것인가?
5가지 경청 방법   116

상대의 마음을 여는 것
그게 바로 대화야   126

투명성 착각에 빠지지 마
도움을 요청해   136

거절을 두려워하지 마
의견에 불과해   146

자신 있게 말하려면
어미곰과 관점을 기억해   156

신뢰를 형성하고 싶으면
3가지만 기억해   164

CHAPTER 4
비교하지 말고
의미를 찾으려
노력해봐

삶이 우울하다면
의미와 목적을 생각해봐   174

일단 의미를 찾아야
삶의 원동력이 생겨   184

성공이 무엇인지 생각해보고
달려가도 늦지 않아   192

다른 사람들을 도우면
더 행복해질 수 있어   202

비교만 하다 보면
잘못된 결정을 할 수 있어   212

TED Ideas worth spreading

CHAPTER 5

너는 항상 성장하고 있으니 두려워하지 마

무엇이 두려운지 생각해
목표는 그 다음이야   222

관점을 바꿔봐
또 다른 방법이 보일 거야   232

남들과 달라도 돼
그게 너를 특별하게 만들어   240

지금 정체되어 있다면
코치를 찾아봐   250

미래는 바뀔 거야
현재 모습에 집중하지 마   260

실패에 밎서서
가능한 한 완벽해지려고 해봐   268

에필로그 하루 한 번, 나를 이해하는 시간!   278

삶은 항상 제자리에 머물러 있지 않습니다.
언제든 내가 원하는 대로 바꿀 준비가 되어 있습니다.
내가 아직 마음의 준비를 안 했을 뿐입니다.
이제 꿈에 그리던 삶을 향해 달려갈 차례입니다.

TED Ideas worth spreading

Chapter 1

자신을 믿으면
인생 스토리를 바꿀 수 있어

뭔가 부족해
하지만 그게 나를 새롭게 할 거야

리지 벨라스케즈

나의 부족한 부분 때문에 마음 아프고 힘들다면,

"네가 그걸 한다고?"라는 말에 상심했다면,

내가 무엇을 하고 싶은지 알고 싶다면,

이 테드 강연에 귀기울이세요!

누구나 부족한 면이 있습니다. 모든 게 완벽한 사람이란 없습니다. 사람들 앞에 서는 게 불안한 사람, 다른 사람들과 관계를 맺는 게 어려운 사람, 글쓰기가 어려운 사람.

모든 걸 잘한다면 정말 좋겠지요. 그런데 모든 걸 잘한다고 해서 부족한 게 없을까요? 혹은 처음부터 그렇게 다 잘했을까요?

사람들의 완벽한 모습 뒤에는 항상 '결핍'이 있습니다. 그 결핍은 새로운 성장의 동력이 되기도 합니다. 그 결핍 때문에 아무도 모르게 수많은 노력을 합니다.

"네가 그걸 한다고?"라는 말을 사람들에게 들었다고 해서 상심할 필요는 없습니다. 대신 여러분이 다른 사람에게 할 수 있다는 걸 보여주면 그만입니다. 지금의 모습이 중요한 게 아닙니다.

지금의 모습에만 집중하면 할 수 있는 게 없습니다. 아이가 처음부터 걷지 못하는 것처럼 삶은 끝이 없는 계단을 천천히 하나씩 오르는 일입니다. 빨리 간다고 해서 꼭 좋은 일도 아닙니다.

전 세계에 단 3명, 희귀증후군에 걸린 여자

리지 벨라스케즈Lizzie Velásquez라는 여성이 있습니다. 이 여성은 먹어도 살이 찌지 않는 희귀증후군을 앓고 있습니다. '먹어도 살이 찌지 않는다면 얼마나 좋을까?'라는 생각이 듭니다. 하지만 그녀의 몸무게는 29kg을 넘은 적이 없습니다. 몸무게가 많이 나가도 문제지만 적게 나가도 문제입니다.

그녀는 이 희귀질환 때문에 몸도 왜소하고 시각장애도 있습니다. 유튜브에는 그녀의 외모를 비하하는 '세계에서 가장 못생긴 여자The World's Ugliest Woman'라는 동영상도 있습니다. 이 영상은 조회수가 몇 백만이고 악플도 달려 있습니다. 관련 영상도 엄청나게 많습니다.

그럼에도 그녀는 자신의 이런 점을 긍정적으로 바라보며 동기부여 강연자, 유튜브 크리에이터로 왕성하게 활동하고 있습니다. 이미 테드에 강연자로 등장할 정도니 얼마나 유명한지는 말하지 않아도 알 수 있겠지요.

이 강연은 조회수가 950만을 넘었습니다. 정말 대단하죠? 이

뿐이 아닙니다. 그녀의 유튜브 구독자는 86만 명을 넘어 이제 90만 명을 향해 달려가고 있습니다. 그녀가 지금까지 올린 영상의 조회수는 7천만 뷰에 가깝습니다. 게다가 4권의 책을 쓰기도 했죠. 이런 열정은 어디서 나온 것일까요? 바로 지금의 모습에 좌절하지 않고 달려왔기 때문입니다.

그녀는 지금의 모습에 이르기까지 쉽지 않은 삶의 여정을 거쳤습니다. 태어났을 때부터 그녀의 부모님은 아이가 혼자서는 아무것도 못할 것이라는 의사의 말을 들었습니다. 학교에서는 희귀증후군때문에 친구들의 놀림도 끊이지 않았습니다. 그녀 스스로도 자신의 삶이 평범하지 않았다고 말했을 정도입니다. 그럼에도 테드 강연에서 자신이 어떻게 이런 삶을 버텨왔고 앞으로 나아갈 수 있었는지 말합니다.

결핍에 매몰되지 말고 자신을 새롭게 정의해봐!

어떻게 그녀는 남들과 다른 자신을 극복했을까요? 일단 자신의 부족한 부분을 긍정적으로 바라보았습니다. 한쪽밖에 보이지 않는 자신의 눈에 대해 그녀는 짜증나는 사람이 있다면 그 사람을 보이지 않는 눈 쪽에 둘 수 있다고 합니다.

자신의 마른 몸이 헬스클럽 홍보 포스터의 모델이 될 수 있다고 말하기도 합니다. 사실 말이 쉽지, 이런 희귀증후군을 가지고 있는 상황에서 쉽게 생각하기는 어려운 일입니다.

그녀는 유치원을 다니면서 자신의 외모가 다른 사람과 다르다는 사실을 처음 알았습니다. 당연히 친구들은 그녀와 놀기 싫어했지요. 점점 그녀 스스로도 이 문제에 대해 심각하게 생각했습니다.

그녀는 부모님에게도 물어봅니다. 왜 다른 친구들이 자신을 싫어하고 문제가 무엇인지 말입니다. 이때 그녀의 부모님이 해준 이 한마디가 오늘의 그녀를 있게 했는지도 모릅니다.

"리지, 네가 다른 친구들과 유일하게 다른 점은 조금 작다는 것뿐이야. 희귀증후군이 있지만 그게 네가 누구인지를 말해주진 않는단다."

어린 그녀가 이 말을 이해하기까지는 오랜 시간이 걸렸습니다. 하지만 지금 그녀는 자신을 새롭게 정의했습니다. 과거에는 다른 사람들이 바라보는 '외모'를 기준으로 자신을 정의했습니다. 스스로 못생겼다고 생각해 중학교 시절에는 학교 가는 것도 싫어했다고 합니다. 얼마나 힘들었을지는 당사자가 아니면 모릅니다. 한창 외모에 신경 쓸 학창 시절, 그녀는 매일 좌절의 늪에 빠져 있었던 거지요.

그런데 지금은 아닙니다. 그녀는 자신의 부족한 부분을 새로운 길로 나아갈 수 있는 동력으로 이용했습니다. 인생은 스스로 개척하는 것이라고 생각하며 자신을 새롭게 정의하기 시작했습니다. 그리고 동기부여 강연자가 되었습니다.

타인의 말에 휘둘려 자신의 삶이 망가지는 것에 지쳤을지도 모릅니다. 타인이 말하는 외모, 콤플렉스나, 시각장애인으로서의 모습은 떨쳐버리고 타인에게 운전대를 맡기지 않고 자신이 직접 인생의 운전대를 잡기 시작한 겁니다. 어떤 길로 갈지는 다른 사람이 알려주는 게 아니라 내가 결정하기 때문입니다. 그녀는 테드 강연에서 이렇게 말합니다.

"운전석에 앉아 있는 건 여러분이에요.
좋은 길로 갈지, 나쁜 길로 갈지 결정하는 건 여러분의 몫이에요."

나를 한 문장으로 정의한다면?

리지 벨라스케즈는 자신을 '동기부여 강연자'로 정의했습니다. 여러분은 자신을 한 문장으로 표현한다면 어떻게 정의할 수 있나요?

저도 제 자신을 한 문장으로 정의하는 게 쉽지 않습니다. 정의한다면, '생각 코치' 정도가 되지 않을까 싶습니다. 사람들이 가지고 있는 생각을 다른 관점에서 볼 수 있도록 돕고 실행을 지원해주는 사람입니다. 그것이 컨설팅이든, 교육이든, 책을 통해서든 말입니다.

자신을 다음과 같이 한 문장으로 정의해보면 어떨까요?

'나는 사람들이 ~할 수 있도록 하는 사람입니다.'

사람들에게 필요한 건 그녀의 말처럼 자신을 새롭게 정의하는 일입니다. 살면서 자신을 정의해본 사람이 얼마나 있을까요? 주어진 삶은 편합니다. 물이 흘러가는 대로 가만히 있으면 됩니다. 그러나 한 가지 전제가 있습니다. 물이 흘러가는 방향이 자신이 가고자 하는 방향과 맞아야 합니다. 그래야 불안하지 않습니다.

저도 아직은 부족한 사람입니다. 사람들 앞에 서면 항상 불안합니다. 연습을 하고 또 연습을 해도 강의나 발표할 때 처음 5분은 항상 떨립니다. 그럼에도 불구하고 지금은 과거처럼 그런 불안감이 많이 사라졌습니다.

처음부터 그런 불안감이 없다면 더 좋았겠죠. 그런데 그런 불안감이 도리어 사람들 앞에서 말하는 능력을 높여주었습니다. 어쩌면 지금 저의 삶 자체가 부족한 무엇인가로 인해 만들어졌을지도 모릅니다.

처음부터 이렇게 글을 쓸 수 있는 능력을 가진 것도 아니었습니다. 꾸준히 뭔가를 쓰다 보니 이제는 몇 권의 책을 냈고, 다른 사람들보다 글쓰기를 조금 잘하는 사람이 되었습니다.

어떤 사람들은 자신의 강점을 찾는 것이 중요하다고 말합니다. 맞습니다. 강점의 발견은 정말 중요합니다. 하지만 그 강점이란 게 쉽게 찾기 어렵습니다. 오히려 강점은 내가 약점이라고 생각했던 것에서 찾을 수 있습니다. 마치 한번도 먹어보지 못한, 맛을 알 수 없는 음식을 먹고 난 후 '정말 맛있다'라는 것을 알았을 때의 느낌 같은 겁니다.

곰곰이 생각해보면 삶은 경험의 연속이고, 우리는 경험 속에서 자신의 강점과 약점을 발견합니다. 아직 경험해보지 못한 탓에 강점일 수 있는 것을 약점이라고 느꼈을지 모릅니다.

경영사상가로 유명한 찰스 핸디Charles Handy는 책『헝그리 정신』에서 '올바른 이기주의'라는 개념을 제시합니다. 핸디는 "우리가 때로 원하지 않아도 불가피하게 타인과 서로 연결되어 있지만 자기 자신에게 관심을 갖고 자신이 진정 누구인지에 대해 탐색해야 한다"라고 말합니다.

이 책은 "문제는 돈이 아니라 정신의 빈곤이다"라며 사람들의 정체성을 강조합니다.

어쩌면 지금 가장 필요한 건 정체성, 의미와 같은 말일지 모릅니다. 이를 위해 더 이상 생계유지, 지위 달성 같은 외적 성취가 아닌 자신의 재능과 믿음에 집중해야 합니다. 타인의 시선이 아닌 자신의 삶에 가치를 두고 나아가야 할 방향을 설정해야 하는 것이죠.

여기서 가장 먼저 던져야 할 질문은 '누가 무엇을 가장 잘하지?'가 아닙니다. 즉 댄 자드라Dan Zadra가 『파이브』에서 말했듯 누군가를 찾는 질문이 아닌 자신의 재능 혹은 비범함이 어디에 숨겨져 있는지를 찾아야 합니다. 그것을 알게 된 이후에는 바로 실행하면 됩니다.

"눈에 띄는 결점을 갖고 있을 수도 있으며
주목할 만한 강점을 갖고 있지 않을 수도 있다.
하지만 이 점이 자신의 인생에 주어진 카드이기 때문에
자신이 가진 카드로 승부를 해야 한다."
_브루스 바튼 (미국의 광고인)

아직은 아닐 수 있어
하지만 언젠가는 될 거야

캐럴 드웩

발전하지 못하고 지금 정체되어 있나요?

"아직도야?"라는 말을 자주 듣나요?

걱정 마세요. 아직 나를 위한 시간이 오지 않아서입니다.

나를 위한 성장의 시간을 만나러 이제 가봐요.

아이에게 공부를 가르치다 보면 아이가 "몰라" "못하겠어"와 같이 단정적으로 표현하는 경우가 있습니다. 당연히 아이가 어리다 보니 그렇습니다. 그런데 성인이 되어서도 어떤 문제에 대해 쉽게 아이처럼 말한다면 어떨까요? 힘들어도 해본다는 사람이 있는 만면, 저음부터 못하겠다고 하는 사람도 있습니다. 여러분은 어떤 쪽인가요?

우리는 똑똑한 사람들은 원래부터 똑똑했다고 생각합니다. 높은 지능을 타고난 사람들은 그럴 수 있습니다. 하지만 지능과 별개로 우리가 어떤 상황을 대하는 태도에 따라 능력은 달라질 수 있습니다. 어떤 마인드를 가지고 있는지가 '어려움을 쉽게 극복할 수 있게 하느냐, 그렇지 않느냐'를 결정합니다.

성장 마인드셋 vs. 고정된 마인드셋

스탠퍼드대학교 교수인 심리학자 캐럴 드웩Carol Dweck은 '아직의 힘The power of yet'에 대해 말합니다. '아직'이 뭘까요? 그녀의 이야기를 들어보죠.

시카고의 한 고등학교는 졸업하기 위해서는 몇 개의 과목을 이수해야 합니다. 그런데 이수하지 못한 경우 'Not Yet(아직)'이라는 등급을 매긴다고 합니다. 대학교에서는 필수과목을 이수하지 못하면 성적표에 어떻게 표시되나요? 'Fail'로 표시됩니다. 이수하면 'Pass'라고 표시됩니다.

그런데 왜 '아직'일까요? 그녀가 아이들을 연구해보니, 어떤 아이들은 어려움을 긍정적으로 대하는 반면에 어떤 아이들은 부정적인 감정을 비췄다고 합니다. 그녀는 상반된 아이들의 반응을 보면서 전자를 성장 마인드셋Growth Mindset, 후자를 고정된 마인드셋Fixed Mindset으로 부르게 됩니다.

성장 마인드셋은 노력을 통해 자신이 개선될 수 있다고 믿는 것이죠. '아직'의 힘입니다. 반면 고정된 마인드셋은 지능은 이미 결정되었기 때문에 개선의 여지가 없다고 믿는 것입니다. '지금, Now'에만 초점을 두는 것입니다.

여러분은 '아직'인가요, 아니면 '지금'인가요? 아이의 현재에만 매몰되어 큰 꿈을 꾸지 못하는 아이로 키우고 있지는 않나요?

한 연구(Blackwell, L. S., Trzesniewski, K. H., & Dweck, C. S. 2007)에 따르면 고정된 마인드셋을 가진 아이들은 자신이 시험에 떨어지면 부정행위를 하겠다고 말했습니다. 반면 성장 마인드셋을 가진 아이들은 더 열심히 학습목표를 설정하고 더 잘할 수 있다는 믿음을 가졌습니다.

다른 연구(Nussbaum, A. D., Dweck, C. S. 2008)에서는 고정된 마인드셋을 가진 아이들이 자신보다 못한 아이들을 보며 위안을 삼는다는 것을 보여줍니다. 자신의 실패에 대해 스스로 회피하는 것입니다.

그에 비해 성장 마인드셋을 가진 아이들은 자신보다 잘하는 아이들을 보며 자존감 회복을 위해 노력합니다.

이처럼 고정된 마인드셋과 성장 마인드셋을 가진 아이들은 실패에 대처하는 방법이 달랐습니다. 특히 겉으로 보이는 것뿐만 아니라 두뇌 활동도 다르게 나타났습니다. 실험결과 고정된 마인드셋은 두뇌활동이 거의 없는 반면, 성장 마인드셋은 두뇌활동이 활발했습니다(Moser, J. S., Schroder, H. S., Heeter, C., Moran, T. P., & Lee, Y. H. 2011).

성장 마인드셋을 가진 아이들은 '아직'의 힘을 믿고 자신의 실수나 실패에 대해 계속 분석하고 노력합니다. 그리고 점점 개선해나갑니다.

'아직'을 통해 성장 마인드셋으로 가는 방법

어떻게 하면 성장 마인드셋을 가질 수 있을까요? 바로 칭찬입니다. 아이가 가진 재능이나 지능에 대한 칭찬이 아닙니다. 아이들이 노력하는 과정, 인내심, 몰입을 칭찬하는 겁니다.

사실 많은 부모들이 아직도 아이의 재능이나 지능을 칭찬합니다. "정말 똑똑하네" "그림에 재능이 있네"라고 말합니다. 생각해보면 저도 아이들에게 그렇게 한 것 같습니다. 자신감을 주려고요. 그녀는 이런 칭찬은 실패한다고 합니다.

어떤가요? 자녀에게 어떤 식으로 칭찬을 했나요? 이런 칭찬은 아이의 있는 그대로의 모습을 인정해주는 것입니다. 아이가 성공하든 실패하든 그 과정이 얼마나 즐거웠는지, 얼마나 열심히 했는지, 그 과정에서 문제에 어떻게 대처했는지를 말이죠.

올바른 칭찬은 아이에게 성장 마인드셋을 심어줄 수 있습니다. 성장 마인드셋을 가진 아이들은 고정된 마인드셋을 가진 아이들과 달리 성적이 떨어져도 금방 회복했습니다.

성장 마인드셋 교육을 받기 전 실험집단과 통제집단은 점수에 큰 차이가 나지 않았습니다. 하지만 교육을 받은 이후 실험집단의 학생들은 점수가 상승한 반면, 그렇지 않은 학생들은 점수가 하락했습니다. 성장 마인드셋이 효과가 있었던 거죠.

이런 성장 마인드셋은 지역에 상관없이 높은 성과를 보입니다. 보통 낙후된 지역의 학생들은 다른 지역에 비해 성적이 낮다고 생각합니다. 그런데 그녀는 '아직'이라는 성장 마인드셋 사고 방식을 가지고 있는 교실에서는 지역과 상관없이 높은 성취를 이룰 수 있다고 말합니다. 실제 뉴욕의 할렘가에 있는 유치원생들이 전국 성취도 시험에서 상위 5%를 기록한 적도 있습니다.

크게 생각하고 관점을 전환하는 성장 마인드셋

우리는 '노력'이라는 단어를 부정적으로 생각하는 경향이 있습니다. "조금 더 노력해봐"라는 이야기를 들었을 때 드는 생각은 '내가 아직도 부족하구나'입니다. 왜 우리는 '노력'이라는 것을 부정적으로만 할까요?

캐럴 드웩은 노력이란 머릿속에서 새로운 것에 대해 더 강한 연결고리를 만드는 것이라고 말합니다. 자신이 좀더 똑똑해지고 있다는 것이죠. 이제 노력에 대한 생각을 바꿀 필요가 있습니다. 내가 노력하는 것은 부족해서라기보다 좀더 많은 것을 알고 싶은 것이라고 말입니다.

'아직'의 힘을 알기 위해서는 현재가 아닌 좀더 긴 안목을 갖고 봐야 합니다. 엘링 카게Erling Kagge는 저서 『생각만큼 어렵지 않다』에서 말합니다. "아리스토텔레스는 인생을 전체론적인 시각에서 봐야 한다고 말했습니다. 끝이 올 때까지 결론은 유보되어야 하는 것이죠."

　삶을 큰 그림에서 보면서 현재의 자기 모습에 실망하지 않으면 좋겠습니다. 그녀가 말하는 것처럼 더 이상 삶을 낭비하지 말고 가능성으로 가득 찬 자신을 믿어보면 어떨까요?

　드웩의 강연은 『마인드 셋』이라는 저서를 통해서도 만나볼 수 있습니다. 이 책을 통해 지금까지 나의 자존감을 하락시킨 것들에서 벗어나 성장 마인드셋으로 자존감을 높여보기 바랍니다. 여러분은 아직 꽃을 피우지 못했습니다. 언젠가는 꽃이 필 겁니다. 그 사실만 알면 좋겠습니다.

> "지금 자신이 어느 위치에 있건 확고한 비전을 세우고
> 착실하게 미래로 발걸음을 옮기는 사람은 반드시 성공한다."
> _괴테(독일의 작가)

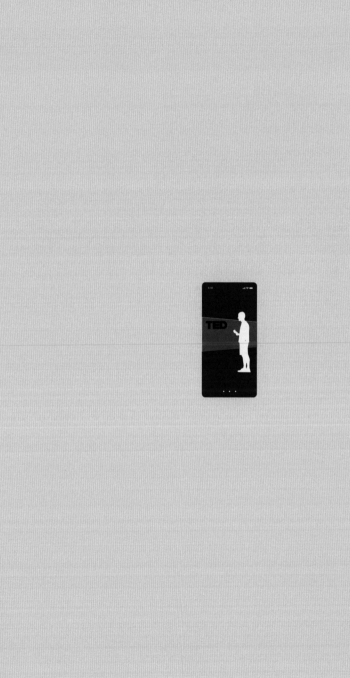

내성적이라고?
오히려 더 좋은 거 아니야?

Susan Cain | TED 2012
The power of introverts

수전 케인

"넌 너무 내성적이야."
"너도 가만히 있지 말고 말 좀 해."
주변의 이런 말에 더 이상 신경 쓰지 마세요.
내성적인 것조차 나다움의 한 부분이니까요.

이직을 위해 한 회사에 지원한 적이 있습니다. 그 회사는 무슨 이유에서인지 초등학교 생활기록부를 요구했습니다. 그때 초등학교에서 떼온 생활기록부 사본 한 부는 지금도 집에 보관하고 있는데, 2학년 행동발달 사항란에 이렇게 적혀 있습니다. '말없이 사기가 할 일을 살하나, 소극석이며 자신감이 없음.' 나머지 학년에도 대부분 비슷하게 적혀 있었습니다. '활기가 부족한 편임' '의욕이 부족함', 이런 식이었죠.

지금 생각해보면 저의 내성적인 성격 때문에 행동발달 사항에 기록된 내용은 대부분 조용하거나 적극성이 미흡하다는 것이었습니다. 그런데 '내성적=자신감 없음' '내성적=의욕 없음'이 아님에도 불구하고 사람들은 왜 그렇게 생각하는 것일까요?

자신감과 의욕이 없었다면 지금처럼 책을 쓰고 있거나 강의를 하지 못했을 겁니다.

우리는 내성적인 것을 부정적으로만 바라보고 있는지도 모릅니다. 모든 건 긍정과 부정이 있다는 걸 알면서도 말입니다.

'외향적인 것만 좋다'라는 편견을 버려!

어린 시절 수줍음이 많았던 수전 케인Susan Cain은 '내성적인 성향의 힘'에 대해 이야기합니다. 그녀 또한 내성적이었기 때문에 오랜 시간 내성적인 사람들이 얼마나 대단한 사람인지를 연구했다고 합니다. 대략 7년간의 연구 끝에 『콰이어트』라는 베스트셀러를 출간했습니다. 여전히 이 책은 인기를 끌고 있습니다. 내성적인 성향의 좋은 점이 무엇인지 한번 들어볼까요?

아홉 살 때 그녀는 여름 캠프를 처음 갔습니다. 좋아하는 책도 가방에 넣어서요. 캠프에서는 응원하는 방법을 가르쳐주었지만 그녀는 책을 읽을 시간만 기다렸습니다. 그런데 책을 꺼내려는 순간, 가장 활동적인 친구가 "너는 왜 그렇게 조용히 있어?"라고 말했다고 합니다. 그 이후 그녀가 또 책을 꺼내려는 순간, 캠프 담당자는 "외향적인 성격이 되기 위해 열심히 노력해야 한다"고 말했다고 합니다.

이 여름 캠프에서뿐만 아니라, 살면서 그녀는 외향적이어야 한다는 소리를 많이 들었습니다. 사실 학교든 회사든 내성적인 사람보다 외향적인 사람들이 더 인기 있는 것 같습니다. 조용히 있으면 적극성이 부족하다고 생각하기 쉽습니다. 그녀 또한 이런 사회 분위기 때문에 외향적인 사람처럼 행동했습니다. 잘못된 거라 생각했지만요.

그녀는 내성적인 것과 부끄러워하는 것은 다르다고 이야기합니다. 부끄러워하는 것은 보통 사회적 판단에 대한 두려움인 반면, 내성적인 것은 사회적 자극을 포함한 여타 자극에 대해 어떻게 반응하느냐에 대한 것입니다.

외향적인 사람들은 많은 자극을 원합니다. 하지만 내성적인 사람들은 좀더 조용하고 절제된 환경에서 자신의 능력을 최대한 발휘할 수 있고, 활력이 넘칩니다. 내성적인 사람들은 인구의 1/3이나 된다고 합니다. 하지만 우리는 어렸을 적부터 외향적이어야 한다는 편견에 사로잡혀 스스로 그렇게 행동하려 합니다.

창의성과 리더십은 내성적인 사람이 더 낫다

창의성이나 리더십은 내성적인 사람이 잘할 수 있는 분야입니다. 그런데 학교나 직장은 외향적인 사람에게 맞춰져 있고 창의성이나 생산성은 사교적인 분위기에서 발휘된다고 생각합니다. 그녀는 이런 생각을 새로운 '집단사고'라고 말합니다.

집단사고 때문에 학교의 책상 배열은 조별과제를 수행할 수 있도록 배치되어 있습니다. 과거에는 열을 맞추어 앉았는데 말이죠. 요즘에는 작문이나 수학 등 개인의 사고에 의존하는 과목 또한 조별과제로 진행된다고 말합니다.

이런 분위기 때문에 혼자 무언가를 하려는 학생은 이상한 사람으로 취급받습니다. 교사들 또한 외향적인 학생이 이상적이라고 생각합니다. 내성적인 학생이 성적도 더 좋고 지식도 더 많이 보유하고 있다는 연구결과도 있는데 말입니다.

리더십도 마찬가지입니다. 직장에서는 '리더십' 하면 대부분 내성적인 사람보다 외향적인 사람을 떠올립니다. 내성적인 사람이 더 신중할 수 있는데도 말이죠. 그런데 펜실베이니아대학교 와튼스쿨Wharton School의 애덤 그랜트Adam Grant 교수는 내성적인 리더가 외향적인 리더보다 종종 더 나은 성과를 창출한다는 연구결과를 발표했습니다.

이유는 외향적인 직원을 관리할 때 그들이 가진 아이디어를 더 잘 실행할 수 있도록 돕기 때문입니다. 반면 외향적인 리더들은 그런 아이디어를 가진 직원들이 자신의 생각을 표출하지 못하게 하는 경향이 있습니다. 회의 시간에 목소리가 큰 사람이 이기는 분위기 같은 경우가 아닐까요? 내용에 상관없이 말입니다.

수전 케인은 카리스마가 있는 외향적 리더가 연봉을 더 많이 받는 경향이 있지만 실제 성과가 더 나은 것은 아니라고 합니다.

역사적으로도 몇몇 혁신적인 리더들은 내성적이었습니다. 미국의 영부인이었던 엘리너 루즈벨트Eleanor Roosevelt, 저명한 시민운동가인 로자 파크스Rosa Parks, 인도의 민족운동 지도자인 마하트마 간디Mahatma Gandhi 등은 스스로를 조용하고 부끄럼을 많이 타는 사람으로 표현했습니다.

어떻게 생각하나요? 카리스마 리더십을 가진 리더들이 정말 더 좋은 성과를 창출할까요? 과거 리더십이론에서는 카리스마 리더십이 각광을 받았지만 지금은 구성원의 생각을 존중해주고 나눌 수 있는 리더십이 부각되고 있습니다. 특히 밀레니얼과 Z세대의 등장으로 과거의 리더십은 도전을 받고 있습니다. 기업들은 새로운 조직문화와 리더십에 관심을 갖고 있습니다.

수전 케인은 내성적인 것과 외향적인 것 간의 균형이 필요하다고 말합니다. 심리학자들이 창의적인 사람들을 조사해보니 아이디어를 교환하는 데는 능숙했지만 매우 내성적인 면도 있었습니다. 고독은 창의성에 있어 중요한 요소입니다.

진화론을 이야기한 찰스 다윈Charles Darwin은 저녁 식사 초대를 거절하고 홀로 숲속을 거니는 것을 즐겼습니다. 스티브 워즈니악Steve Wozniak은 당시 일하고 있던 휴렛팩커드Hewlett-Packard의 좁은 방에 혼자 앉아서 애플 컴퓨터를 개발했죠. 특히 워즈니악은 어렸을 때 집을 떠나지 못할 정도로 너무 내성적이어서 이런 전문가가 될 줄은 몰랐다고 합니다.

혼자 있는 게 좋다고 해서 협업이 필요 없다는 건 아닙니다. 끊임없이 집단작업만을 선호하지 말라는 것입니다.

우리는 고독이 탁월한 힘을 가지고 있다는 것을 알고 있습니다. 하지만 점점 이런 고독의 힘을 잊어버리는 것 같습니다. 주변 사람들을 따라만 하면서 말이죠. 사람들은 대개 주도적이거나 카리스마가 있는 사람들을 따릅니다. 말을 잘하는 것과 좋은 아이디어를 가진 것은 사실 별개인데 말입니다.

내성적인 사람들의 '나다움'이란?

사람은 자신만의 관점과 속도가 있습니다. 많은 사람들이 원하는 것을 따를 필요는 없습니다. 어쩌면 내성적인 사람들이 지금까지 힘들었던 이유는 원하지 않는데 마치 사회적으로 타당한 것처럼 보여 따랐기 때문입니다.

지금은 '취향의 시대'입니다. 수전 케인도 '개성의 시대'라고 했듯이 각자가 원하는 게 존재합니다. 내향과 외향 혹은 좋고 나쁨의 문제가 아닙니다. 어떤 일을 할 때는 외향성이 필요하지만 모든 게 다 외향성만으로 달성되지는 않습니다. 균형이 중요합니다. 지금까지 소외되었던 내향성에 대한 존중이 필요합니다.

그녀가 강연에서 말한 것처럼 자신이 무엇을 하고 있는지도 모른 채 살아서는 안 됩니다. 내성적인 사람은 자신만의 강점이 있고 그 강점을 활용해야 합니다. 이게 바로 그녀가 말하고 싶은 것입니다. 내성적인 사람들만의 '나다움'을 찾는 작업이 필요합니다. 혼자 있는 시간을 활용해 나만의 '내성적인 성향의 강점'을 찾아보면 어떨까요?

저 또한 생각이 정리되지 않거나 어떤 고민이 있을 때는 새벽에 혼자 생각하는 시간을 갖습니다. 물론 누군가에게 물어볼 수도 있습니다. 하지만 그전에 혼자 생각하면서 제 자신을 돌아봅니다. 소통은 분명 중요하지만 모든 것들을 소통을 통해 해결할 필요는 없습니다.

다른 내성적인 사람들에 대해 궁금하다면 그녀가 운영하는 'Quiet Revolution'이라는 사이트에 들어가서 'Quiet Revolutionaries'를 보면 좋을 것 같습니다.

"나답지 않은 모습으로 사랑받을 바에는
본연의 내 모습 때문에 미움받는 게 낫다."
_커트 코베인(미국의 뮤지션)

아직 늦지 않았어
내 인생의 편집자는 나야

Lori Gottlieb | TED@DuPont
How changing your story can change your life

로리 고틀립

지금까지 내 인생의 편집자는 다른 사람들이었습니다.

그래서 내 인생이 누더기처럼 느껴졌습니다.

하지만 이제는 결코 아닙니다.

내 인생은 오직 나만이 편집할 권한이 있으니까요!

지금까지의 삶을 돌아보면 굴곡이 있었습니다. 평탄하지만은 않았습니다. 그런데 그 굴곡이란 게 보는 관점에 따라 다른 것 같습니다. 당시에는 분명 힘들었고 어떻게 방향을 잡아야 할지 몰랐습니다. 그런데 지금 생각해보면 그런 시간들이 결국 제 성장의 동력이 되었던 것 같습니다.

앞으로도 분명히 인생 곡선은 오르락내리락할 겁니다. 계속 올라가는 곡선이면 좋겠지만 말이죠. 이 인생 곡선은 바꾸지 못합니다. 하지만 그것을 바라보는 제 시각은 바꿀 수 있습니다. 곡선의 높낮이들이 제 인생에 어떤 영향을 미쳤고 어떤 의미를 가지는지 긍정적으로 바라보는 것 말입니다. 이번 강연은 삶을 바라보는 관점에 대한 내용입니다.

내 삶의 이야기는 내가 편집할 수 있어!

로리 고틀립Lori Gottlieb은 심리치료사입니다. 그녀는 심리치료 사여서 다양한 사람들의 이야기를 듣습니다. 한 여성이 부부관 계 문제로 그녀에게 메일로 상담을 요청했습니다.

"남편과 저는 2년 동안 부부관계가 없었습니다. 지난 몇 달 동 안 남편이 회사의 한 여성과 오랫동안 늦은 밤에 통화하고 있다 는 걸 알게 되었죠. 그 여성은 멋진 사람이었습니다. 하지만 저 는 과거에 아버지가 직장 동료와 바람을 피워 가정이 파탄난 경 험이 있어요."

이 상담 내용을 들으면 많은 사람들이 공감합니다. 과거 경험 때문에 그녀가 얼마나 힘든지도 알 수 있습니다. 로리 고틀립도 이야기에 공감합니다. 수많은 상담을 해봤기 때문이죠. 그런데 그녀는 답장을 보낼 때면 신중해진다고 합니다. 왜 그럴까요?

이런 이야기의 또 다른 버전이 있을 수 있기 때문입니다. 그녀 가 해온 지금까지의 상담 경험에 따르면 사람들은 신뢰할 수 없 는 해설자일 수 있기 때문입니다. 오직 그녀 관점에서의 오해일 수도 있다는 것입니다.

상담자의 이야기가 사실이 아니라는 의미는 아닙니다. 분명 사실일 것입니다. 그런데 이 사실을 어떤 맥락과 관점에서 보느 냐에 따라 내용은 달라집니다. 다음 이야기를 보죠.

"2년 전 저의 아버지가 돌아가신 후 아내가 저에 대해 비판적이라고 느낍니다. 아내의 아버지는 어렸을 때 돌아가셔서 제 상황을 이해할 수 없습니다. 그런데 몇 달 전 아버지를 잃은 친구가 제 슬픔을 이해해주었습니다. 저는 그 친구와 말하듯이 아내와도 이야기하고 싶지만 지금은 그렇게 하지 못할 것 같아요. 어떻게 하면 아내와의 관계를 회복할 수 있을까요?"

이 이야기는 상담녀의 이야기를 남편의 관점에서 재구성한 것입니다. 어떤가요? 앞의 이야기는 마치 불륜처럼 들렸습니다. 하지만 뒤의 이야기는 어떤가요? 남편의 슬픔을 이해하지 못하는 아내에 관한 이야기 같지 않나요?

이처럼 같은 이야기도 어떤 관점에서 이야기를 하느냐에 따라 이야기의 전개가 달라질 수 있습니다. 고틀립은 이것이 변화의 시작이라고 말합니다.

어떤 버전의 이야기가 진실인지는 모릅니다. 중요한 건 '자신의 이야기를 어떤 관점에서 편집하냐'에 따라 이야기는 달라질 수 있다는 것입니다. 이야기 속에서 나는 주인공이 될 수도, 아니면 희생자가 될 수도 있습니다.

사람들은 자기 이야기를 하면서 특정 부분을 강조 혹은 축소합니다. 어떤 이야기는 남고 어떤 건 아예 빠집니다. 자신이 무엇을 보는지, 무엇을 보길 원하는지에 따라 또 달라집니다.

이야기는 자신의 삶을 이해하는 중요한 방법입니다. 그녀는 자신을 스스로 편집자라고 부릅니다. 치료사라고 하면 사람들이 자신의 생각을 분석할 거라 생각하기 때문입니다.

자유와 변화, 스스로 편집해 주인공이 되자

그녀는 편집자로서 모든 독자들을 위해 매주 한 통의 편지를 활용해 어떻게 자신의 삶을 편집해야 하는지 가르쳐주고 있습니다. 대부분의 편지는 자유와 변화에 관한 겁니다.

먼저 자유에 관해 말해볼까요? 대부분의 편지는 가족, 직업, 관계, 과거 등의 문제에서 무언가에 갇혀 있는 느낌에 관한 내용입니다. 때로는 SNS의 많은 사람들처럼 자기 과시에 갇혀 있기도 합니다. 그녀는 사람들의 이런 자유와 관련된 이야기를 테드 강연에서 다음과 같은 상황에 비유합니다.

"한 죄수가 필사적으로 빠져나가려고 창살을 흔들고 있습니다. 그런데 왼쪽과 오른쪽에는 창살이 없습니다. 사실 그 죄수는 감옥에 갇혀 있지 않은 거죠."

사람들 대부분의 상황이 이렇다고 합니다. '감정의 감방'에 갇혀 있습니다.

변화는 또 어떨까요? 사람들은 자신들도 변하고 싶다고 말합니다. 하지만 이 말의 이면에는 내가 아닌 이야기 속의 다른 캐릭터가 변했으면 하는 바람이 있습니다.

그녀는 주인공인 우리 자신이 왜 스스로 변하려고 하지는 않느냐고 묻습니다. 우리는 우리의 이야기가 매번 똑같이 전개된다는 사실을 알고 있습니다. 물론 그 사실에 위안을 얻지만 말입니다.

새로운 이야기를 쓴다는 건 미지의 세계로 모험을 떠나는 것입니다. 물론 어려운 일입니다. 그런데 여러분이 자신의 이야기를 편집하면 어떨까요? 다음 이야기는 더 쉽게 쓸 수 있을지 모릅니다. 이를 위해서는 자신이 가지고 있던 한 가지 버전의 이야기에만 몰두하지 않아야 합니다. 우리가 나 자신의 모든 것에 대해 제대로 알지는 못하기 때문입니다.

자신의 이야기를 불행하게 만들기보다는 편집해서 영웅이 되어보길 바랍니다. 퓰리처상을 탈 수 있을 정도로요. 자신에 대해 이야기하는 것만큼 가치 있는 건 없습니다.

내 삶을 내가 디자인해보자

누군가의 이야기를 들어주고 올바른 방향을 제시해주는 데 있어 가장 중요한 건 생각의 전환입니다. 누구나 자신의 현재 상황에 대해 알고 있습니다. 하지만 그 상황이란 걸 어떻게 바라보면 좋을지가 더 문제입니다.

로리 고틀립 또한 편집자로서 자신에게 상담받는 사람들을 위해 생각을 전환시켜주는 일을 합니다. 이를 통해 상담자가 겪고 있는 이야기를 다시 편집해줍니다.

그래서 그녀는 홈페이지에 항상 이야기를 쓴다고 합니다. 단순히 어떤 일이 발생했는지가 아닌 그것을 어떻게 말해야 할지에 대해 고민한다고 합니다.

우리는 아직 보지 못한 많은 것들이 있습니다. 이런 것들은 다른 사람과 함께 찾아갈 수 있습니다. 지금 내 이야기 속에서 내가 보지 못한 게 무엇인지 이번 기회에 생각해보면 어떨까요? 분명 내 이야기는 비극이 아닌 희극이 될 수 있는 것들이 있을 테니 말입니다.

여러분은 자신의 인생을 디자인할 수 있는 능력을 가진 인생 디자이너입니다. 빌 버넷Bill Burnett과 데이브 에번스Dave Evans는 저서 『디자인 유어 라이프』에서 이렇게 말했습니다.

"일에도 끝이란 없고 놀이도, 사랑도, 건강도 절대 끝나지 않습니다. 다만 죽을 때에야 비로소 인생을 디자인하는 일이 끝납니다. 그전까지는 다음의 큰 무언가를 위해 끊임없이 반복할 뿐입니다. 그것이 바로 인생입니다."

여러분의 이야기는 아직 끝나지 않았습니다. 여러분의 이야기는 여전히 진행 중이고, 지금까지 경험한 인생의 모든 것들은 새로운 여정의 발판이 됩니다.

로리 고틀립이 테드 강연에서 "지금 여러분의 이야기를 다시 써보면 어떨까요?"라고 말한 것처럼 나만의 걸작을 만들어보기 바랍니다. 내가 원하는 대로 이야기가 전개되기를 원한다면요.

"인생은 가까이서 보면 비극이지만 멀리서 보면 희극이다."

_ 찰리 채플린(영화배우이자 영화제작자)

일단 자신감부터
그러면 미래는 열려

Bittany Packnett | TED2019

How to build your confidence — and spark it in others

브라태니 팩넷

스스로 위축되면 안 됩니다.

항상 힘이 되어주는 친구가 있나요?

그 친구를 통해 자존감을 높여보세요.

그러면 미래를 향해 자신 있게 달려갈 수 있어요.

아이를 키우다 보면, 아이가 자신감 있게 성장하면 좋겠다는 바람이 있습니다. 공부도 중요하지만 어디를 가든 자신을 당당하게 표현하는 아이로 말입니다.

과거와 달리 요즘은 친구들과 놀 공간이나 시간이 많지 않습니다. 아이들의 가장 친한 친구는 스마트폰이 되었습니다. 그러다 보니 자기표현에 서툰 아이들이 많습니다. 다른 사람들이 말하는 걸 보기만 해서 그렇습니다.

자신감은 자신을 표현하는 가장 기본적인 힘입니다. 저도 자신감이 부족할 때는 '어떻게 해야 하지?' '어떻게 말하면 좋을까?'라는 생각을 하면서 스스로 위축된 적이 많습니다.

이때는 아무리 지식과 경험이 많아도 누군가에게 제가 알고 있는 걸 전달하는 것이 쉽지 않았습니다. 자신감은 자기표현을 넘어 하고 싶은 일을 하게 만드는 원동력이 됩니다.

자신감은 있어도 그만, 없어도 그만? 꼭 필요해!

여기서 소개할 강연은 브라태니 팩넷Brittany Packnett의 이야기입니다. 그녀는 흑인 여성으로서 자유와 정의를 위해 행동하는 사람입니다. 사회 정의 분야에서 국가 리더로 선정되기도 했습니다. 진직 교사였으며 정책 전문가, 비영리 조직의 임원으로도 활동했습니다. 그녀는 사회적으로 의미 있는 일을 만들어내는 데 있어서도 자신감이 중요하다고 말합니다.

그녀는 일단 단순히 자신감이 있으면 좋고 없으면 그만이라는 생각을 버리라고 합니다. 자신감은 누구나 꼭 가져야 한다는 것이죠. 사람들은 똑똑하면 자신감은 자연스레 따라온다고 생각하는 경향이 있습니다. 하지만 제 경험상 꼭 그런 건 아닌 것 같습니다. 그녀 또한 이 점을 말하고 있습니다. 그래서 자신감에 대해 과소평가하지 말라고 합니다.

자신감은 과거에도 그랬고, 현재도 개인의 삶에 매우 중요한 요소입니다. 자신감은 영감을 얻는 게 아닌 실제 어떤 것을 실행하는 힘입니다. 노력만 하는 게 아니라 끝까지 하는 것입니다. 실패하더라도 좌절하지 않고 끝까지 할 수 있게 하는 것입니다.

자신의 꿈을 위해 끝까지 달려갈 자신감이 있나요?

팩넷은 교사였을 때 한 학생의 자신감을 잃게 만든 일이 있다고 합니다. 그 학생은 똑똑하고 활발했습니다. 하지만 자신의 과제를 마치면 다른 학생들을 산만하게 했습니다.

그녀는 그 학생에게 수업 분위기를 산만하게 만들지 말라고 똑부러지게 말했습니다. 하지만 그녀의 의도와 달리 자신의 뜻이 제대로 전달되지 않았습니다. 그 학생은 그저 자신이 너무 산만한 아이라고 받아들였습니다. 이후 그 학생은 자신감을 잃었고, 밝았던 교실 분위기는 무거워졌습니다.

사실 아이들에게 잘못된 행동이 아닌, 아이 자체가 문제인 것처럼 이야기하게 되면 아이들은 자신감을 쉽게 잃어버립니다. 특히나 활달한 아이는 말이죠. 그녀도 그 사실을 알고 있었습니다. 하지만 아이의 행동에 대해 '통제'라는 관점에서 접근하다 보니 의사소통에서 문제가 생겼습니다.

자신감의 3가지 요건

많은 사람들이 자신감을 가지라고 말하는데, 자신감을 위해 필요한 건 무엇일까요? 그녀는 3가지를 이야기합니다. 그것은 허용, 공동체, 호기심입니다. 허용은 자신감을 낳고, 공동체는 자신감을 키우며, 호기심은 자신감을 확신하게끔 합니다.

자신감은 어찌 되었든 드러내어 보여주어야 합니다. 보여주지 않으면 생기지 않습니다. 그녀 또한 어렸을 적에는 자신감을 보여주기 어려웠다고 합니다. 어린 시절에 차별을 경험했기 때문입니다.

가족이 자동차를 구매하러 가도 영업 사원들은 그녀의 어머니와 말을 섞으려 하지 않았습니다. 1980년대만 해도 흑인 여성과 금전적 협상을 하는 것은 있을 수 없는 일이었기 때문입니다. 이런 상황에서 자신감을 드러내기는 쉽지 않습니다. 하지만 그녀의 어머니는 자동차 영업사원과 이야기를 잘해 좋은 조건으로 차를 구매했습니다. 이런 모습을 보며 그녀는 선입견을 무너뜨리는 '허용'이 되어야 자신감이 생길 수 있다고 말합니다.

공동체는 자신감을 보여주기 위한 가장 좋은 장소입니다. 그녀는 2019년 마사이Maasai 여성들의 권한위임empowerment을 배우기 위해 케냐를 여행했습니다. 거기서 '팀 라이오네스Team Lioness'라는 케냐 최초로 8명의 젊은 여성들로만 구성된 레인저ranger집단(이들은 야생동물을 보호하는 역할을 수행합니다.)을 만납니다.

이 여성들은 모두 10대인데 그중 한 대원에게 "무서웠던 적이 있나요?"라고 물어보았다고 합니다. 그 대원은 "물론 저도 무섭죠. 하지만 그때마다 동료들을 찾아요. 동료들은 우리가 남자보다 더 잘하고 실패하지 않을 것이라는 사실을 상기시켜줍니다"

라고 대답했습니다.

이 여성 대원의 자신감은 신체적 능력이나 신념에서 나오는 게 아닙니다. 바로 공동체에서 나오죠.

자신감은 호기심을 통해 확고해집니다. 어떤 프로젝트에 실패하더라도 그 실패에 대한 호기심이 있다면 여러분은 또 다른 프로젝트를 실행할 수 있습니다. 그것을 성공시킬 수 있다는 자신감과 함께요.

그녀 또한 자신이 기획했던 대규모 행사가 계획대로 되지 않아 실패했습니다. 하지만 그때 매니저는 그녀의 실수에 대해 이야기하지 않았습니다. 대신 그녀가 의도한 게 무엇인지 물었고 이 질문으로 그녀는 실수에서 무엇을 배울 수 있는지 생각할 수 있었습니다. 그리고 이런 경험은 다음 프로젝트를 성공적으로 진행할 수 있는 기초가 되었습니다.

미래를 만들어 가는 열쇠, 자신감

브라태니 팩넷은 지금도 자신감을 가지고 다양한 분야에서 활발히 활동하고 있습니다. 인스타그램(instagram.com/mspackyetti), 페이스북(facebook.com/MsPackyetti), 홈페이지(brittanypacknett.com)에서 그녀의 활동 기록들을 볼 수 있습니다. 그녀는 자신이 원하는 사회를 만들어가기 위해 자신감을 갖고 미래를 만들어가고 있습니다.

　지금 자신감을 가지고 자신의 미래를 개척해가고 있나요? 아니면 위축되어 자신의 미래는 생각도 못하고 있나요? 자신감은 미래를 만들어가는 핵심 열쇠입니다. 자신감이 없으면 끝없이 떨어질 수 있고, 어떤 일을 하든 혼란에 빠질 수밖에 없습니다. 결정장애도 어쩌면 자신감이 없어서일지 모릅니다. 그녀는 테드 강연에서 다음과 같이 말합니다.

> "자신감의 결여는 우리를 밑바닥에서 끌어내리고
> 정상에서 아래로 내려오게 만들며, '할 수 없다'
> '못할 것이다' '불가능하다'라고 생각하게 만듭니다."

　물론 자신감이 과해 자만심이 되면 안 됩니다. 자신이 처한 상황을 냉정하게 보지 못하고 이상적인 모습만 그리기 때문입니다. 하지만 자신감이 없다는 이유 하나 때문에 여러분이 그리던 꿈이 이루어지지 못한다면 어떨까요? 너무 안타깝지 않을까요?

　혹시 여러분이 가지고 있는 무엇인가가 너무 가치 없다고 느끼나요? 그럴 필요는 없습니다. 웨인 다이어Wayne Dyer는 저서 『행복한 이기주의자』에서 이렇게 말했습니다. "나의 가치는 나 자신이 결정하는 것이며 어느 누구에게도 설명할 필요가 없습니다."

여러분만이 가지고 있는 가치에 집중해서 자신감을 가져보기 바랍니다. 그리고 내가 가지고 있는 편견을 깨서 '허용'을 만들고, 나의 가치에 동감하는 사람들과 함께 '공동체'를 만들어 자신의 가치를 높이고, '호기심'을 가지고 끝없이 자신의 가치를 추구해보기 바랍니다.

"나만이 내 인생을 바꿀 수 있다. 아무도 나를 대신해줄 수 없다."

_ 캐럴 버넷(배우)

낙관적인 건 좋아
하지만 가끔 현실도 보자

탈리 샤롯

나는 때로 너무 긍정적이었습니다.

지나친 낙관주의는 화를 부르는데도 말입니다.

그래서 소중한 걸 붙잡으려다 놓치고 말았습니다.

이제는 가끔씩 현실과 친구를 하려 합니다.

한 회사의 직원 역량평가 문제를 개발한 적이 있었습니다. 문제개발을 위해 사전에 진행된 설문조사가 있었습니다. 내용은 파일럿 테스트에 참여한 사람들에게 문제의 난이도는 어땠는지, 실제 시험 시 다른 사람에게 있어 난이도는 어떨 것으로 예상하는지를 묻는 것이었습니다. 5점 척도로 평가한 이 문항은 점수가 높을수록 난이도가 높다고 생각하는 것이었습니다.

두 문항에 대한 결과는 어땠을까요? 같았을까요? 전자가 더 높았을까요? 아니면 후자가 더 높았을까요? 결과는 후자가 더 높았습니다.

사람들은 대부분 자신에 대해 과대평가하는 경향이 있습니다. '나는 그렇게 어렵지 않았는데, 다른 사람은 좀 어려울 것 같아'

라고 생각합니다. 사람들은 이처럼 자신에게는 긍정적입니다.
저도 그렇고, 주변 사람들도 그런 것 같습니다.

누구나 가지고 있는 낙관주의적 편향

탈리 샤롯Tali Sharot은 낙관주의 편향을 말합니다. 그녀는 낙관
주의 편향이란 좋은 일이 일어날 가능성에 대해서는 과대평가
하고, 나쁜 일이 일어날 가능성에 대해서는 과소평가하는 것이
라고 말합니다. 이런 편향은 80%의 사람들이 가지고 있습니다.
하지만 잘 알지 못합니다.

결혼을 예로 들어볼까요? 서양에서는 이혼율이 40% 정도 됩
니다. 신혼부부에게 이혼 가능성을 물어보면 그럴 가능성이 전
혀 없다고 말합니다. 심지어 이혼 전문 변호사조차도요. 이혼율
이 40%나 됨에도 이혼에 대해 과소평가하는 것이죠. 그런데 이
런 사람들이 오히려 재혼을 합니다. 여러분 주변에도 이런 사람
들이 있지 않나요? 자신은 그렇지 않을 거라 말하면서 결국은
그렇게 하는 사람들 말입니다.

자녀에 대해서도 똑같습니다. 자신의 자녀가 아주 특별한 재
능을 가졌다고 생각합니다. 영국인 4명 중 3명은 자신의 미래에
대해 낙관적으로 말합니다. 비율로 따지면 75%나 됩니다. 하지
만 영국인의 30%만 이전 세대보다 지금 세대가 더 잘살고 있다

고 말했습니다. 이처럼 자신과 가족에 대해서는 낙관적인 데 비해 주변 사람, 국민, 국가의 운명에 대해서는 비관적으로 생각하는 경향이 있습니다.

그녀는 테드 강연에서 직접 사람들에게 물어봅니다. '하위 25%에 속한다'라는 질문에는 1,500여 명 중 10명 정도가 손을 들었습니다. '상위 25%에 속한다'라는 질문에는 대부분이 그렇다고 손을 들었습니다.

사람들은 이런 질문에 자신이 평균 이상의 능력을 가지고 있다고 생각합니다. 하지만 우리가 통계적으로 생각한다면 사실 이건 불가능한 일이죠. 누구나 다 알고 있습니다.

높은 기대치를 낮추면 행복할까요?

이렇게 낙관주의적으로만 생각하는 게 좋은 걸까요? 어떤 사람은 아니라고 말합니다. 오히려 행복의 비결은 기대치가 낮을 때라고 말합니다. 우리가 대단한 걸 기대하지 않으면 실망도 없기 때문입니다. 좋은 일이 일어나지 않는다고 실망하지 않고, 기쁜 일이 생기면 뜻밖의 일에 우리는 행복할 것입니다.

이 이론은 대단하지만 3가지 이유 때문에 잘못되었습니다. 먼저 높은 기대를 가진 사람들은 성공하든 실패하든 항상 기분이 좋습니다. 감정은 어떻게 해석하느냐에 따라 다르기 때문입니다. 마가렛 마샬Margaret Marshall과 존 브라운John Brown이라는 심리학자는 이와 관련한 연구를 진행했습니다.

높은 기대치를 가진 사람들은 성공하면 자신이 잘한 덕분이라고 생각했습니다. 이들은 "내가 천재여서 A를 받은 거야. 앞으로도 난 A를 받을 거야"라고 말하죠. 실패했을 때는 어떨까요? 그들은 자신이 멍청해서 그런 게 아니라 시험에 뭔가 문제가 있다고 생각하고 다음에는 잘할 수 있을 거라 생각합니다.

그런데 기대치가 낮은 사람은 어떨까요? 그 반대로 생각합니다. 성적이 안 좋으면 자신이 바보여서, 성공하면 시험이 쉬워서 그렇다고 생각합니다. 다음에는 현실이 자신의 발목을 잡을 거라 생각하고 더 안 좋게 생각합니다.

또 다른 연구에서는 기대치가 높은 사람들은 높은 성과를 냈을 때 다른 사람들보다 자신의 능력이 더 많은 기여를 했다고 평가했습니다. 하지만 낮은 성과를 냈을 때는 그 반대의 평가를 했습니다.

두 번째 이유는 무엇일까요? 결과와 상관없이 무언가를 예상하는 행위는 사람을 행복하게 만듭니다. 행동경제학자 조지 로웬스타인George Lowenstein은 대학생들에게 연예인이 열정적으로 키스를 해주는 모습을 상상해보라고 했습니다. 그후 "여러분은 연예인이 키스를 해주는 대가로 얼마를 지불할 건가요? 즉시, 3일 안에, 1년 안에, 10년 안에 해준다면?"

학생들은 즉시 키스해주는 것에는 대부분 돈을 지불할 의향이 없었습니다. 하지만 3일 안에 대해서는 지불한다고 했죠. 1년, 10년에 대해서는 기다릴 의사가 없었습니다.

이유가 무엇일까요? 키스를 즉시 받으면 그냥 그것으로 끝나는 거죠. 그런데 3일은 기다림의 초조함과 스릴이 있습니다. 학생들은 기다림을 즐겼습니다. 이건 사람들이 일요일보다 금요일을 더 좋아하는 이유와 같습니다. 금요일은 일을 하고, 일요일은 일을 하지 않음에도 말이죠.

세 번째는 자기충족적 예언 때문입니다. 낙관주의는 현실을 주관적으로 만듭니다. 우리가 세상에 기대하는 방식으로 보게끔 합니다. 누가 뭐라 해도 내가 보고 싶은 대로 보는 겁니다. 타인이 내게 기대치를 낮춘다고 해서 불행에 빠지지도 않죠.

주변에도 이런 사람들이 있습니다. 그들에게는 자신만의 세계가 있습니다. 이런 낙관주의는 건강에 좋습니다. 밝은 미래를 생각하면 스트레스와 화가 감소하기 때문입니다.

낙관주의적 편향, 현실도 생각하자!

그런데 탈리 샤롯을 혼란스럽게 하는 건 '현실에 직면했을 때 우리가 어떻게 낙관주의를 유지하는가'였습니다. 그녀는 이와 관련한 실험을 했습니다. 사람들에게 안 좋은 일을 경험할 가능성에 대해 생각해보라고 했습니다. 예를 들어 암에 걸릴 확률이 30% 정도임을 알려주었습니다. 그러고 나서 다시 질문했습니다. "여러분이 암에 걸릴 확률이 얼마나 된다고 생각하나요?"

그녀가 알고 싶은 건 '사람들이 그녀가 알려준 정보를 자신의 생각을 바꾸는 데 활용했느냐'하는 것이었습니다. 실제로 사람들은 정보를 활용했지만 대부분 그녀가 제공했던 정보보다 더 높은 수준으로 이를 활용했습니다. 실험에 참가한 사람이 암에 걸릴 확률을 모르지는 않았죠. 단지 자신과는 관련이 없다고 생각했을 뿐입니다.

이런 낙관주의적 편향은 앞서 보았듯이 장점이 있습니다. 그런데 위험한 면도 있습니다. 상황을 너무 낙관적으로 보다 보면 더 큰 위험에 직면할 수 있기 때문입니다. 우리가 주로 하는 말 중에 "이렇게까지 상황이 악화될 줄은 몰랐어!" 같은 말이 낙관주의적 편향의 위험성을 알려주는 대표적인 말입니다.

그녀는 테드 강연 마지막에 펭귄들이 벼랑 끝에서 뛰어내리는 그림을 보여줍니다. 아무런 대책 없이 뛰어내리는 펭귄과 낙하산을 메고 뛰어내리는 펭귄이 있습니다. 이런 경우 어떻게 될까요? 무턱대고 뛰어내리는 펭귄은 상상하는 대로 좋지 않은 결과를 보입니다. 때로는 여러분이 생각한 대로 되지 않을 때를 대비해 낙하산이라도 메고 뛰어내리는 것이 좋지 않을까요? '나는 할 수 있어'라는 미친 자신감은 잠시 버리고요.

세상을 낙관적으로 보면 그만큼 자신뿐만 아니라 주변에 대해서도 긍정적으로 볼 수 있습니다. 하지만 너무 낙관적인 것보다는 조금 지적인 낙관주의자가 되는 게 좋지 않을까요? 낙하산을 메고 뛰어내리는 펭귄처럼요.

옌스 바이드너Jens Weidner가 저서 『지적인 낙관주의자』에서 말했듯, 어떤 행동이나 결정을 내리기 전에 '자신의 행동 뒤에 바보 같은 생각이 도사리고 있진 않은지를 점검'하는 것이 필요하지 않을까요?

자신을 성찰하다 보면 낙관주의를 버리지 않으면서도 자신이 원하는 바를 이룰 수 있습니다. 자신이 가지고 있던 편향을 제거하기 위해 지속적으로 지식을 습득하는 일도 필요합니다. 상황을 올바로 보기 위해서 말이죠.

"태어나면서부터 현명한 이는 없다."
_ 미구엘 드 세르반테스(작가)

지금껏 외적인 관리를 했다면 이제 내적인 관리를 해보세요.
지금 가장 필요한 건 마음관리입니다. 잠시 주변의 시선을 내려놓길.
그리고 온전히 나에게 집중하는 시간을 가져보세요.
작은 상처들로 힘들어하는 나를 볼 수 있어요.

Chapter 2

마음을 다스리고
지금 이 순간을 누려봐

마음의 상처를 치유하는 법도
반드시 배워야 해

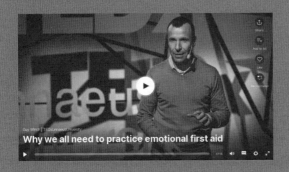

Guy Winch | TEDxLinnaeurUniversity
Why we all need to practice emotional first aid

가이 윈치

몸의 상처보다 더 신경 써야 할 것이 마음의 상처입니다.

마음의 상처 때문에 힘들어한 적이 있나요?

마음의 상처는 다른 어떤 것보다 먼저 치료가 필요해요.

마음의 상처를 위한 반창고는 무엇일까요?

마음은 상처받기 쉽습니다. 누군가의 거친 말과 행동은 깊은 상처를 주죠. 그런데 우리는 이런 마음에 대해 생각보다 깊은 관심을 안 가집니다. 누군가가 침울해 있으면 공감과 위로의 말을 보내죠. 하지만 그 상처가 얼마나 오래가는지는 모릅니다.

직장 상사의 업무와 무관한 인성에 대한 질책, 마음을 후비는 친구의 직언 등 우리가 마음의 상처를 입는 일은 많습니다. 그럼에도 누구하나 어떻게 마음의 상처를 관리해야 하는지는 말해주지 않습니다. 그냥 "네가 너무 과민반응한 거야" "그건 네가 오해한 거야" "잠시 화가 나서 그런 거야" "너무 소심한 거 아니야" 등의 위로 아닌 위로를 보냅니다.

마음의 상처도 중요해!

여러분은 마음의 상처에 어떻게 대처하나요? 눈에 보이는 몸의 상처는 민감하게 반응하는데, 혹시 마음의 상처에 대해서는 둔감하지 않나요? 아니면 마음의 상처를 치료하는 방법을 모르고 있는 건 아닌가요? 그냥 '시간이 가면 나아지겠지'라고 생각하나요?

심리학자인 가이 윈치Guy Winch는 테드 강연에서 '심리적 건강'을 강조합니다. 우리는 하루에 두 차례 양치질을 하며 치아를 관리합니다. 만약 아이가 발판에 올라가서 양치질을 하다 미끄러져 다리를 다치면 여러분은 어떻게 하나요? 반창고를 찾아 상처 부위에 붙여줍니다. 이처럼 우리는 어렸을 적부터 신체 건강과 치아 위생의 중요성을 인지하고 있습니다. 그런데 심리적 건강을 유지하는 방법에 관해서는 과연 무엇을 알고 있을까요? 아이들에게 정서적 위생emotional hygiene에 대해 가르치나요? 대개는 그렇지 않습니다.

사실 우리는 몸에 난 상처보다 심리적 상처를 더 많이 견디며 살고 있습니다. 실패, 거절, 외로움 등 이런 걸 무시하다 악화되기라도 하면 자칫 삶은 극단으로 치달을 수 있습니다. 우리는 대부분 이렇게 이야기합니다. "우울한 것 같은데, 그냥 잊어버려. 그건 그냥 네 생각일 뿐이야." 그런데 다리가 부러졌는데 "그냥

걸어다녀"라고 하면 어떨까요? 우리는 심리적 상처를 치료할
방법이 있음에도 이에 대해서는 생각하지 않습니다.

외로움, 실패, 거절 때문에 자존감을 낮추지 말자!

심리적 상처 중 하나로 외로움이 있습니다. 외로움은 상당히
깊은 심리적 상처를 만듭니다. 외로움은 우리의 지각을 왜곡하
고, 사고를 어지럽힙니다. 주변 사람들이 나에 대해 관심을 실제
보다 더 적게 가진다고 생각하게 만듭니다.

외로움은 자신을 비참하게 만들 뿐 아니라 죽음에 이르게까
지 할 수 있습니다. 실제로 만성적인 외로움은 조기 사망률을
14%나 증가시킵니다. 외로움은 혈압과 콜레스테롤 수치를 높입
니다. 심지어 면역체계의 기능을 억제시켜 병에 취약하게 만
듭니다.

외로움은 흡연처럼 위험한 요소를 가지고 있습니다. 담뱃갑에
는 살벌한 경고 문구가 있을 정도로 흡연은 경계해도 외로움에
대해서는 왜 심각하게 생각하지 않을까요? 우리는 정서적 위생
을 위해 심리적 건강을 반드시 생각해야 합니다. 심리적 상처를
모른다면 치료도 할 수 없기 때문이죠.

또 다른 심리적 상처 중 하나는 실패입니다. 그는 어린이집에
서 3명의 아이들이 동일한 장난감을 어떻게 가지고 노는지를 보

며 실패를 이야기합니다. 이 장난감은 보라색 버튼과 빨간 버튼이 있으며, 빨간 버튼을 누르면 귀여운 강아지가 튀어나옵니다.

한 여자아이는 보라색 버튼을 눌러본 후 그냥 뒤로 물러앉아 아랫입술을 떨며 상자를 바라보기만 했습니다. 옆에 있던 아이는 이를 본 후 상자에 손도 대지 않고 울어버렸습니다. 또 다른 아이는 자신이 할 수 있는 모든 방법을 동원해 빨간 버튼을 눌렀고 귀여운 강아지가 튀어나왔습니다.

여러분은 이 3명의 아이들을 보며 어떤 생각을 했나요? 아이들은 모두 빨간 버튼을 누를 능력이 있었습니다. 그럼에도 그렇게 하지 못한 건, 못할 것이라는 생각 때문이었습니다. 사실 어른들도 그렇습니다. 할 수 없다고 믿어버리면 빨리 포기하거나 시도조차 하지 않습니다. 많은 사람들이 자신의 잠재력을 십분 발휘하지 못하게 되는 이유입니다. 우리는 무기력과 싸워야 합니다. 이런 상황을 제어할 능력도 길러야 합니다.

거절은 또 어떨까요? 그는 자신과 같이 일한 여성의 사례를 소개합니다. 그 여성은 20여 년의 결혼생활을 끝내고 첫 데이트를 준비하고 있었습니다. 온라인에서 만난 남자였는데 착하고 성공한 듯 보였습니다. 여성은 남자가 자신에게 푹 빠져 있다고 생각했습니다. 새로운 드레스를 샀고, 뉴욕의 비싼 바에서 만났습니다.

하지만 데이트를 시작한 지 10분 만에 그 남자는 "관심 없습니다" 하고 나가버렸습니다. 그녀는 몸이 얼어붙은 듯 꼼짝도 할 수 없을 정도로 깊은 상처를 받았습니다. 그녀는 이 사건 이후 이렇게 말했다고 합니다. "그래, 뭘 기대해요? 엉덩이도 크고 재미있는 이야기도 없는데, 저렇게 잘생기고 성공한 남자가 나 같은 루저와 데이트를 하겠어요?"

사실 거절은 매우 고통스러운 일입니다. 거절당하는 경험을 하면 우리는 자신의 단점을 모두 끄집어내기 시작합니다. 스스로에게 남보다 더 심한 욕을 하죠.

자존감은 이미 훼손되었는데, 왜 우리는 더 자신을 아프게 하려는 걸까요? 이런 건 어쩌면 빈약한 정서적 위생 때문일 겁니다. 스스로 심리적 건강을 우선순위에 두지 않아서죠. 한 연구에 따르면, 자존감이 낮을수록 스트레스와 불안감에 더 취약하고 실패와 거절에 더 상처받고 회복속도도 더 느리다고 합니다.

여러분이 거절을 당한다면 가장 먼저 해야 할 일은 무엇일까요? 바로 자존감 회복입니다.

심사숙고하지 말고 정서적 건강에 집중하는 삶

어떻게 하면 심리적 건강을 찾을 수 있을까요? 일단 나쁜 심리적 습관을 바꿔야 합니다. 그게 무엇일까요? 바로 심사숙고입니다. 곰곰이 생각하지 말라는 거죠.

직장상사에게 안 좋은 소리를 들었을 때, 친구와 다투었을 때 우리는 당시 상황을 떠올립니다. 하지만 이런 건 쉽게 습관이 될 수 있습니다. 부정적인 생각과 속상한 일에 집중하는 일은 우울증, 알코올 중독, 식이장애, 심혈관 질환을 야기할 수 있습니다.

그의 쌍둥이 형도 비호지킨림프종 3기 진단을 받고 항암치료를 받았을 때 이런 나쁜 습관에 빠졌다고 합니다. 그는 형이 얼마나 극심한 고통을 겪고 있을지에 대한 생각을 멈출 수가 없었습니다. 몸은 멀쩡했지만 심리적으로는 엉망이었죠. 하지만 부정적인 생각이 들 때마다 다른 일에 집중하려고 했고, 다행히 상황도 긍정적이고 희망적으로 바뀌었다고 합니다.

어떤가요? 속상한 일이 있을 때 너무 그 일에 몰입하지는 않나요? 그러다 스스로 '결국 내가 문제인 건가?'라는 생각을 하지 않나요? 저 또한 어떤 관계에서든 마찰이 생기면 혼자 생각해봅니다. 그러다 '결국 내가 문제지'라는 결론을 내리는 경우가 많습니다. 남을 바꾸는 건 나를 바꾸는 것보다 어렵다고 생각하기 때문입니다.

물론 나보다 남을 바꾸는 건 어렵습니다. 하지만 자신에 대해 부정적인 생각을 가지면 자존감은 끝없이 추락합니다. 여러분 마음속의 상처를 스스로 더 심하게 만드는 상황이 되어버리죠. 이때 상처 부위에 밴드를 붙이는 것처럼 자신의 마음을 달래줄 밴드를 찾아보는 건 어떨까요? 특히 자신이 더 소심하다면요.

한 연구결과에 따르면, 실수를 두려워하는 소심한 사람일수록 회복탄력성이 낮으며 자신의 실수 혹은 역경을 회피하려는 성향이 대단히 높다고 합니다. 자존감은 스스로 지키는 것입니다. 가이 윈치가 말했듯 자신의 정서적 건강에 더 집중해보는 것은 어떨까요?

"나 자신에 대한 자신감을 잃으면 온 세상이 나의 적이 된다."

_ 랠프 왈도 에머슨(사상가이자 시인)

부정 프레임에 빠지지 마
가능하면 긍정적으로 생각해

Alison Ledgerwood | TEDxUCDavis

A simple trick to improve positive thinking

앨리슨 레거우드

항상 투덜대고 있지 않나요?

"그럴 줄 알았어"라며 부정적으로 말하지 않나요?

가능하면 긍정 프레임을 선택하는 게 좋습니다.

이제 긍정의 프레임으로 들어올 시간입니다.

세상을 부정적으로 바라보면 끝이 없습니다. '뭐 하나 꼬투리 잡을 거 없나'라는 생각만 들죠. 보기 싫은 사람은 뭘 해도 보기 싫은 것처럼 말이죠. 그런데 이런 부정 프레임에 갇혀 있으면 어떻게 될까요? 자칫 하다가는 자신이 좋아하는 것조차 의심의 눈초리로 바라보게 될 수 있습니다.

긍정에서 부정으로의 이동은 쉽지만 부정에서 긍정으로의 이동은 어렵습니다. 맛집이라고 갔던 식당에서 맛과 상관없이 불편한 서비스로 기분이 나빴다면 다시는 그 식당을 찾지 않을 겁니다. 아무리 맛이 좋다 해도 '맛집이 거기뿐이겠어'라고 생각하죠.

긍정 프레임과 부정 프레임, 이 2가지 중 우리는 선택할 수 있습니다. 가능하면 긍정 프레임을 선택하는 게 좋겠죠?

부정적인 생각은 왜 오래 남을까?

사회심리학자인 앨리슨 레거우드Alison Ledgerwood는 캘리포니아대학교 심리학과 교수입니다. 사람이 어떻게 특정 생각에 빠지는지, 이 생각에서 어떻게 벗어나야 하는지 연구하는 사람입니다. 그녀의 주된 연구질문 중 하나는 '사람들이 어떤 것에 대해 긍정 혹은 부정적 사고에 언제, 왜 빠지는가' 하는 것입니다. 테드 강연에서 그녀는 사람들이 어떻게 생각하고 우리가 어떻게 더 좋은 생각을 할 수 있는지 말합니다.

그녀는 교수의 일상을 이야기하며 강연을 시작합니다. 알다시피 직장인이 보고서를 쓰듯이 교수는 논문을 씁니다. 논문이 통과되면 감정곡선이 올라가며 기뻐합니다. 그런데 그 기쁨은 오래가지 않습니다. 논문이 거절되면 감정곡선은 하락하고 안 좋은 기분이 없어지길 바라지만 쉽게 사라지지 않습니다. 그러다 다른 논문의 게재가 허용되면 다시 기분은 좋아집니다.

여기서 이상한 점이 하나 있습니다. 분명 다른 논문이 통과되어 기쁜데, 거절당했던 논문에 대한 생각이 오래간다는 것입니다. 성공보다 실패가 왜 머릿속에 더 오래 남아 있는 것일까요? 왜 우리의 마음은 부정적인 것에 갇히는 걸까요?

컵에 물이 반 정도 차 있으면, 어떤 사람은 "반이나 있다"고 말합니다. 반면 어떤 사람은 "반이나 없다"고 합니다. 전자를 이득 프레임gain frame이라고 부릅니다. 사람들은 얻은 것에 집중하고 좋아합니다. 후자는 손실 프레임loss frame입니다.

그녀는 궁금했습니다. 생각하는 방식을 바꾸려고 할 때 어떤 일이 일어나는지 말이죠. 사람들이 자신의 생각을 바꿀 수 있는지 혹은 한 가지 생각에만 빠지는지 궁금했습니다. 즉 이득 혹은 손실 프레임 하나에 고착화되는지 말이죠.

한 번 부정 프레임에 빠지면 나오기 어렵다

사람들이 생각하는 방식을 알기 위해 세 차례의 실험을 진행했습니다. 첫 번째는 실험 참가자에게 새로운 수술절차를 설명하고 무작위로 두 집단으로 구분했습니다. 첫 번째 집단에는 이득 프레임 관점에서 수술절차를 설명하며 수술 성공률은 70%라고 했습니다. 두 번째 집단에는 반대로 손실 프레임 관점에서 설명하며 수술 실패율은 30%라고 말했습니다. 사실 내용은 차이가 없습니다. 그런데 사람들은 70%의 성공률은 좋아했고, 30%의 실패율은 싫어했습니다.

여기서 끝나지 않습니다. 첫 번째 집단에 이 수술의 실패율은 30%라고 생각할 수 있다고 말했습니다. 그러자 사람들은 이 수술 절차를 더 이상 내켜하지 않고 마음을 바꾸었습니다. 두 번째 집단에는 반대로 성공률이 70%라고 생각할 수 있다고 말했습니다. 그런데 첫 번째 집단과 달리 자신들의 초기 생각을 고수했습니다. 여전히 손실 프레임에 갇혀 있었던 거죠.

또 다른 실험을 볼까요? 이번에는 재선에 도전하는 현 주지사에 대한 내용입니다. 2가지 형태로 현 주지사의 실적에 대해 기술했고, 참가자들에게 현 주지사가 취임하면 주 전체의 예산삭감이 약 1만 개의 일자리에 영향을 미친다고 했습니다. 그러고 나서 절반의 참가자들에게는 현 주지사의 체제에서 일자리의 40%는 살릴 수 있다고 했습니다. 반면 나머지 참가자들에게는 일자리의 60%가 사라진다고 했죠.

결과는 어땠을까요? 전자는 현 주지사에 호감을 가지며, 일을 잘하고 있다고 생각했습니다. 반면에 후자는 당연히 현 주지사를 싫어했고, 일을 잘 못하고 있다고 생각했습니다.

이번에도 첫 번째 실험과 마찬가지로 첫 번째 집단에 손실 관점에서 정보를 재구성해 제공했더니 현 주지사를 더 이상 좋아하지 않았습니다. 두 번째 집단에도 동일하게 했지만 여전히 현 주지사를 싫어했습니다.

이 결과가 의미하는 건 무엇일까요? 한번 손실 프레임에 빠지면 쉽게 빠져나올 수 없다는 겁니다.

그녀는 왜 이런 일이 일어나는지 궁금했습니다. '사람들은 이득에서 손실로 전환하는 것보다 손실에서 이득으로 전환하는 것이 왜 정신적으로 더 어려운 것일까?' 그래서 그녀는 세 번째 실험을 진행했습니다.

참가자들에게 "예상치 못한 질병이 발생해 600명의 목숨이 위태롭다"라고 했습니다. 한 집단에는 "100명을 구하면 몇 명이 사망할까?"라고 묻고, 또 다른 집단에는 "100명이 사망하면 몇 명을 구할 수 있을까?"라고 물었습니다.

사람들은 600에서 100을 뺀 500이라는 답을 내놓으면 됩니다. 다만 한 집단은 이득에서 손실로, 다른 집단은 손실에서 이득 프레임으로 전환해야 하죠. 그녀는 이 실험에서 사람들이 얼마나 빨리 이 문제를 해결하는지를 알아봤습니다. 결과는 똑같을까요? 아니면 다를까요?

사람들은 이득에서 손실로 전환할 때 문제를 매우 빨리 풀었습니다. 평균 7초가 걸렸죠. 하지만 손실에서 이득으로 전환 시에는 평균 11초가 걸렸습니다. 이 실험결과만 보면 사람은 손실 프레임을 고수하려는 경향이 있습니다.

생각도 바꾸려는 노력이 필요하다

생각을 바꾸려면 많은 노력이 필요합니다. 그런데 어떻게 하면 생각을 바꿀 수 있을까요? 매일 몇 분씩 감사한 것에 대해 글을 쓰면 됩니다.

긍정심리학자인 에밀리 에스파하니 스미스Emily Esfahani Smith 또한 의미 있는 삶을 살기 위한 방법 중 하나로 감사일기를 언급했습니다. 감사일기가 유대감을 더 높여줄 수 있다고 했죠.

좋은 소식을 반복해서 말하고 다른 사람들에게 공유하는 것도 좋습니다. 사람들은 좋은 일보다 나쁜 일을 오래 생각하고 주변 사람들에게 더 많이 말합니다. 그러다 보니 좋은 것은 잊혀져 갑니다. 이를 경계해야 합니다. 한번 부정적인 생각에 빠지면 쉽게 빠져나오기 어렵기 때문입니다. 의식적으로 노력해야 합니다. 가능한 한 긍정적인 관점에서 모든 것을 보도록 말이죠.

최인철 교수의 저서 『프레임』에 '후견지명 효과'라는 것이 나옵니다. "그럴 줄 알았어"라고 말하는 것입니다. 사람들은 어떤 결과를 보고 나면 무엇이든 설명할 수 있다고 생각합니다. 성공에 대해서는 "그럴 줄 알았어"라고 말하기보다는 그냥 성공 그 자체를 즐깁니다. 그런데 실패는 어떤가요? "그럴 줄 알았어"라고 말하며 스스로를 자책합니다. 긍정과 부정 프레임도 마찬가지인 것 같습니다.

부정적인 면에 더 집착하고 스스로 자책하며 고민합니다. 그러다 보면 긍정적인 면은 보지 못하죠. 앞에서 소개한 강연에서 가이 원치가 심사숙고하지 말라고 한 것과 같은 맥락입니다. 실패했다고 해서 그 과정까지도 실패인가요? 그 과정에서 잘된 것은 없나요?

모든 과정까지 실패가 아님에도 우리는 너무 부정적인 면만

봅니다. "그럴 줄 알았어"라는 말과 생각 때문에 말입니다. 이제는 이런 부정 프레임에서 벗어나 긍정 프레임으로 일상을 보는 게 어떨까요? 긍정적인 것들을 스스로 찾아보는 겁니다.

"인간에게는 의식적인 노력으로 자신의 삶을 높일 능력이 분명히 있다는 것보다 더 용기를 주는 사실은 없다."
_ 헨리 데이비드 소로(사상가이자 작가)

스트레스 받지 마
생각만 조금 바꾸면 돼

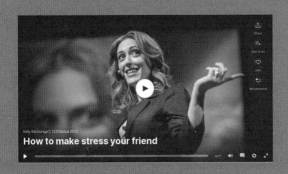

캘리 맥고니걸

지금 스트레스를 받고 있나요?

그런데 '스트레스는 나쁘다'라는 생각이

스트레스를 만든 건 아닐까요?

이번 강연으로 스트레스에 대한 생각을 바꿔봅시다.

대학 시절, 사람들 앞에서 발표를 하는 일은 제게 큰 스트레스였습니다. 많은 사람들이 그렇듯이 말이죠. 그래서 발표를 하지 않으려고 되도록이면 보고서 작성 역할을 조금 더 많이 하려 했습니다.

강의를 들을 때도 마찬가지였습니다. 강사의 질문에 답하거나 조별실습 결과물에 대해 발표하는 건 스트레스입니다. 그래서 강사와 눈을 마주치지 않거나 실습결과를 발표하는 대신 열심히 서기 일을 했습니다.

사실 이런 건 삶에서 겪는 스트레스 중 아주 사소한 것에 불과합니다. 하지만 사람들은 이런 사소한 것 때문에 스트레스를 받습니다. 상사, 친구, 부모, 자녀와 같은 인간관계에서의 스트레스는 말할 필요도 없죠.

하지만 이런 스트레스가 없다면 어떻게 될까요? 스트레스를 다른 관점에서 생각해볼 수는 없을까요?

스트레스에 대한 믿음이 문제다?

이번에는 스트레스에 대처하는 방법을 알아보겠습니다. 스탠퍼드대학교의 건강심리학자 캘리 맥고니걸Kelly McGonigal은 테드 강연 제목처럼 스트레스를 어떻게 친구처럼 만들 수 있을지에 대해 말합니다.

스트레스를 친구처럼 대부분의 사람은 이런 생각에 의문을 제기합니다. 스트레스는 가능한 한 없는 게 좋다고 생각하기 때문입니다. 그녀의 이야기를 들어볼까요?

그녀는 사람들이 행복하고 건강해지도록 돕는 일을 합니다. 주된 연구분야는 스트레스입니다. 그녀는 스트레스를 적으로 여겼습니다. 스트레스는 사람들을 병들게 하고, 감기 같은 작은 병부터 심혈관 질환 같은 큰 병까지 야기할 가능성이 높습니다. 그런 면에서 스트레스는 되도록 없어야 합니다.

미국에서 성인 3만 명을 대상으로 8년간 진행된 연구가 있습니다. 이 연구는 "당신은 지난해 얼마나 많은 스트레스를 겪었습니까?"로 시작됩니다. 또 "당신은 스트레스가 건강에 얼마나 해롭다고 믿습니까?"라고 사람들에게 질문을 던집니다. 그러고 나서 이 질문에 응답한 사람들을 대상으로 누가 세상을 떠났는지를 확인했습니다.

결과는 어땠을까요? 우리가 흔히 알고 있듯이 지난해 스트레스 경험이 많은 사람이 사망할 위험도가 43% 높았습니다. 그런데 이건 스트레스가 해롭다고 믿는 사람에 한정되었죠. 스트레스가 해롭다고 믿지 않은 사람은 오히려 사망률이 낮았습니다. 스트레스를 거의 받지 않은 사람처럼요.

연구기간 동안 18만 2천 명의 미국인들이 조기사망했습니다. 연구원들은 사망원인을 스트레스 자체가 아닌 스트레스가 해롭다는 믿음 때문으로 추정했습니다. 이 수치는 사망자가 한 해 약 2만 명 이상이라는 것입니다. 미국인의 사망원인에 대한 실제 자료를 보면 스트레스는 순위권 안에 없지만 만약 이 수치가 맞다면 스트레스로 인한 사망은 15위에 해당됩니다.

스트레스에 어떻게 대처해야 할까?

스트레스에 대한 기존의 믿음이 건강에 이롭지 않다는 것을 알았습니다. 그러면 스트레스를 어떻게 생각해야 할까요? 그녀는 수학시험과 관련한 연구결과를 말하며 '스트레스의 과학'을 말합니다.

이 연구에서는 참가자에게 다음 사항을 요청했다고 합니다. 966에서 7을 계속해서 빼보라고요. 가능한 한 빨리. 그녀는 강연에서 이렇게 말하면서 청중에게 계속해서 "빨리, 더 빨리요"를 외칩니다.

여러분도 실험 참가자로 생각하고 이런 상황을 상상해보며 한번 해보세요. 어떤가요? 계속 빨리 하라는 외침 때문에 스트레스를 받지 않나요? 마치 시험종료 5분 전에 못 푼 문제를 빨리 풀려는 느낌 같죠.

그녀는 사람들이 느끼는 이런 신체적 변화를 부정적 신호로만 생각한다고 말합니다. 심장이 두근거리고, 심하면 머리에 땀방울이 맺히기도 하는 상황 말이죠. 이런 상황에 대해 이렇게 생각해보는 건 어떨까요? 이런 신호로 몸에 활력이 생겨 어떤 도전에 맞서는 준비를 하는 것으로요.

하버드대학교에서 수행한 연구에서 참가자들은 이런 테스트 전에 이 같은 스트레스 반응을 유익한 것으로 생각하도록 배웠습니다. 결과는 어땠을까요? 참가자들은 오히려 스트레스를 덜 받았고, 자신감이 더 높아졌습니다.

보통 만성적인 스트레스는 심혈관을 수축시킵니다. 하지만 위 연구의 참가자들은 심혈관이 이완되었죠. 심장은 여전히 두근거렸지만 말이죠. 50세에 심장마비로 사망하는 사람과 90세까지 장수하는 사람의 차이일 수 있습니다.

스트레스는 사회적이다

그녀는 스트레스가 사람들을 사회적으로 만든다고 합니다. 스트레스에 대한 저평가된 부분 중의 하나죠. 이를 알기 위해서는 옥시토신이란 호르몬에 대해서 알아야 합니다. 옥시토신은 '포옹 호르몬'이라는 별명을 갖고 있는데, 누군가를 포옹할 때 방출되기 때문입니다.

이뿐만이 아닙니다. 신경 호르몬은 사람들이 친밀한 관계를 형성하도록 도와줍니다. 뇌의 사회적 본능을 조정합니다. 이 호르몬은 다른 사람들과 접촉하게 만들고, 공감능력을 강화시켜 줍니다.

사람들은 이 옥시토신을 스트레스 호르몬이라고만 생각합니다. 스트레스를 받을 때 나오기 때문입니다. 그런데 이런 스트레스 반응은 여러분이 느끼는 것을 다른 사람에게 말하게 합니다. 마음속에 쌓아두지 않게 하는 것이죠. 또한 누군가 힘들 때에는 그것을 알아차리게 해줍니다.

신체에도 영향을 미치는데, 스트레스를 받을 때 심혈관 시스템을 보호하고 혈관이 이완되는 것을 돕습니다. 특히 심장세포의 재생과 치유를 도와서 튼튼한 심장을 만들어줍니다. 더욱 놀라운 건 옥시토신의 효과가 사회적 접촉과 지지에 의해 높아질 수 있다는 사실입니다.

실제 연구결과를 봐도 그렇습니다. 미국의 성인 1천 명을 대상으로 한 이 실험은 참가자들의 연령대가 34세에서 93세였습니다. 연구질문은 "당신은 지난해 스트레스를 얼마나 경험했습니까?"와 "당신은 친구, 이웃, 공동체 사람들을 도와주는 데 얼마나 많은 시간을 보냈습니까?"였습니다.

결과는 어땠을까요? 앞의 실험결과를 한번 생각해보세요. 경제 혹은 가정 내 위기를 경험한 사람들은 사망 위험도가 30%나 증가했습니다. 하지만 두 번째 질문인 타인에게 관심을 가졌던 사람들은 이런 사망 위험도 증가가 전혀 없었습니다.

스트레스, 일단 내 생각부터 바꿔보자

이번 테드 강연은 인상적입니다. 기존 생각을 깨뜨렸기 때문입니다. 스트레스를 나쁘게 생각하는 그 자체가 나쁜 영향을 미친다는 사실은, 우리가 어려운 상황에 닥칠 때 가능한 한 긍정적으로 생각하게 만듭니다.

또 하나는 사회적 관계입니다. 사람들과 관계를 어떻게 가져가느냐에 따라 스트레스에 대한 영향이 달라진다는 겁니다. 누군가에게 선행을 베푸는 활동은 행복감을 증가시켜줍니다. 한 연구에 따르면 이런 활동이 많으면 행복감도 더 높아졌습니다. 실제로 한 연구에서는 한 집단에는 한 달에 한 번만 베푸는 활동을, 다른 집단에는 매주 다양하게 베푸는 활동을 실천하라고 했습니다. 결과는 어떻게 나타났을까요?

매주 다양한 활동을 한 집단의 행복감은 더 증가했습니다. 그런데 기계적으로 도와준다면 어떨까요? 맥고니걸이 말했듯 사회적 접촉과 지지가 없다면 행복감에 영향을 미치지 못하겠죠. 또한 스트레스에도 긍정적 영향을 주지 못할 겁니다.

평소에 스트레스를 많이 겪고 그로 인해 일상에 지장이 있을 정도라면 생각을 바꿔보면 어떨까요? 심장이 두근거리면 '내가 좀더 잘하려고 하는 거야'라고 생각하면서 말이죠.

그리고 다른 사람들과 교류하면서 스트레스를 풀 수 있는 방법도 고민해볼 수 있습니다. 취미활동에 몰두하면서 취향이 비슷한 사람들과 교류해볼 수도 있습니다. 그러면서 다른 곳에서는 못 느꼈던 것들을 느낄 수도 있겠죠. 예를 들어 내가 어떤 분야에서 남들보다 조금 뛰어나면 다른 사람들을 도와주면서 말입니다.

생각은 활동에 영향을 미칩니다. 그것이 맞든 틀리든 말이죠. 이제 스트레스에 대한 올바른 시각을 익혔다면 기존 생각을 바꿔볼 때입니다.

다음 내용은 그녀의 홈페이지(kellymcgonigal.com) 자기소개란에 있는 문구입니다. 이 글을 통해 여러분도 기존의 생각을 바꾸길 바랍니다.

"저는 일이 어려울 때에도 희망, 즐거움, 의미를 경험하는 게 가능하다고 믿습니다. 그리고 저는 이것을 할 수 있는 가장 좋은 방법은 자신보다 더 큰 무언가와 서로 연결되는 것이라고 믿습니다."

"낙관주의는 성공으로 인도하는 믿음이다.
희망과 자신감이 없으면 아무것도 이루어질 수 없다."

_ **헬렌 켈러**(사회사업가이자 작가)

바쁜 삶을 일시정지
잠시 자신을 돌아봐

피코 아이어

챗바퀴같이 돌아가는 일상이 너무 답답한가요?

지금 당장 어디론가 훌쩍 떠나고 싶으세요?

일단 잠시 서서 멈춰보는 건 어떨까요?

내 마음에 먼저 가만히 귀를 기울여보세요.

가끔 스스로 일시정지 버튼을 누릅니다. 음악을 일시정지하는 게 아니라 마음속 욕구에 대한 일시정지입니다. 그 욕구가 무엇이 되었든 말이죠. 일시정지 버튼을 누르지 않으면 불에 타는 장작불처럼 모든 것이 사라져버릴 것 같기 때문입니다. 혹 일시정지 버튼을 누르지 못하면 혼자 생각하는 시간을 가능한 한 많이 가지려고 합니다.

정신없이 빨리 돌아가는 음식점에 있으면 빨리 먹고 나가야 할 것 같은 생각이 자연스레 듭니다. 이와 비슷하게 우리는 너무 빠른 세상에서 살고 있어 무언가를 빨리 하지 않으면 안 될 것 같은 조급함이 몸에 배어 있습니다. 이번 테드 강연은 여러분이 스스로 일시정지 버튼을 누를 수 있게 해주는 내용입니다.

그저 가만히 앉아서 생각해보자!

피코 아이어Pico Iyer는 소설가이며 스스로를 평생 여행하는 사람이라고 소개합니다. 그의 여행은 어렸을 때부터 시작되었습니다. 9세 때부터 학교를 가기 위해 1년에 몇 차례 북극을 지나는 여행을 했습니다. 고등학교 졸업 직후에는 식탁 닦는 일자리를 구해 4계절을 각기 다른 대륙에서 보냈습니다.

그 이후 여행작가가 되어서 수많은 국가를 여행했습니다. 티베트의 사원이나 음악이 흐르는 아바나Havana의 해안을 거니는 여유를 누릴 수 있었습니다. 그리고 이런 경험들이 삶의 방향을 명확하게 해줄 것이라 생각했습니다.

하지만 여행이란 여러분도 알다시피 올바른 눈을 가지고 있지 않다면 의미가 없습니다. 히말라야에 화가 난 사람을 데려가면 그는 음식에 대한 불평부터 하기 시작할 것입니다.

그는 좀더 세심하게 감상할 줄 아는 눈을 개발하기에 가장 좋은 방법은 어디에도 가지 않고 그저 조용히 앉아 있는 것임을 알게 되었습니다. 이는 티베트나 쿠바를 가는 것만큼이나 흥분되는 일이었습니다.

매일 얼마간의 시간을 빼고, 철마다 며칠을 할애해 여행을 하는 것에 비하면 아무 곳에도 가지 않는 것은 쉬운 일입니다. 몇몇 사람들은 자신이 가장 바라는 것을 찾기 위해, 진정한 행복이 어디에 있는지를 기억해내기 위해 인생의 몇 년을 할애하기도 하는데 말이죠.

이는 사실 이미 현자들이 말했던 것이기도 합니다. 2천 년도 전에 스토아학파는 우리의 삶을 만드는 것은 우리의 경험이 아니라 '경험으로 무엇을 하느냐'라고 했습니다.

한번 상상해보세요. 허리케인이 갑자기 여러분의 마을을 휩쓸고 지나가 마지막 남은 것까지도 잔해로 만들어버린 상황을. 어떤 사람은 이 일로 평생을 심한 충격에 휩싸여 지냅니다. 하지만 어떤 사람들과 그의 형제들은 자신의 인생을 다시 시작할 일생일대의 기회라고 판단합니다. 동일한 사건임에도 매우 극단적인 반응입니다. 셰익스피어가 희곡 『햄릿』에서 말한 것처럼 좋은 것도, 나쁜 것도 없습니다. 하지만 생각이 그렇게 만든 것이죠.

아이어는 24년 전 북한 여행을 했습니다. 단 며칠 동안의 여행이었지만 그 경험은 그에게 놀라운 시각을 갖게 해주었습니다. 그런데 그가 깊은 통찰력을 얻은 때는 그가 어느 곳에서 가만히 앉아 생각에 잠겼을 때였다고 합니다.

그가 강연에서 말하고 싶은 건 결국 고요함의 힘입니다. 통찰력을 얻기 위해 어딘가로 여행을 하는 것도 중요합니다. 그런데 무조건 여행지에서 많이 본다고 해서 통찰력이 뛰어날까요? 그렇게 생각하면 해외여행을 많이 가는 사람이 가장 통찰력이 뛰어나겠죠.

그는 잠시 가만히 앉아서 생각에 잠기면 더 큰 통찰을 얻을 수 있다고 말합니다. 삶을 바꾸고 싶으면 마음을 바꾸는 것에서 시작하는 것이 가장 좋다는 겁니다.

나의 내면에 집중하는 삶

사회학자에 따르면 최근 미국인들은 50년 전보다 일은 덜 하지만 일을 더 하는 것처럼 느낀다고 합니다. 이상하지 않나요? 분명 우리 주변에는 수많은 최첨단 기기들이 우리의 일을 더 효율적으로 처리해주는데 말입니다.

여행자로서 그가 가장 놀랐던 건 구글은 직원이 원하는 곳으로 언제든 갈 수 있는 환경인데도 직원들이 어디에도 가지 않으려 한다는 것이었습니다. 구글 본사를 방문했을 때 그는 나무로 된 집, 트램펄린 등에서 상상력을 발휘하기 위해 근무 시간의 20%를 즐기는 직원들을 보았습니다.

하지만 이보다 더 인상적인 것이 있었습니다. 요가를 하는 직원들에게 요가 트레이너가 되도록 지원하는 일이나, 내면의 검색엔진에 관한 책을 쓰려는 직원의 모습이었습니다.

실리콘밸리에 있는 그의 또 다른 친구는 '인터넷 안식일'이라는 것을 지키려 했습니다. 그의 친구는 최신 IT 기술에 관한 일을 했는데 매주 24~48시간 동안 인터넷을 전혀 사용하지 않는다고 했습니다. 다른 실리콘밸리의 사람들처럼 말입니다. 이런 여백의 시간은 사람들에게 상상력을 불어넣어줍니다. 그는 작가로서 책에 빈 공간을 만들어 자신의 생각과 문장을 독자들이 완결시킬 수 있도록 했다고 합니다.

교토로의 여행 그리고 정착

피코 아이어는 자신의 생각을 실행하기 위해 29세에 일본 교토로 향했다고 합니다. 미국에서의 꿈 같은 생활을 버리고 일본 교토의 단칸방 생활을 선택한 것이죠. 일종의 '어디에도 가지 않는다'는 관점이었습니다. 그는 자신에게 오직 집중하기 위해 친구들을 떠났습니다. 자신의 삶이 정말 행복한지를 이해하기 위해서였습니다.

교토에서 그는 핸드폰을 사용할 필요도 없었고, 시계를 한 번도 본 적이 없었나고 합니다. 그래서인지 그는 자신의 홈페이지에 일본을 가리켜 '침묵, 고요함, 보이지 않는 것의 힘'이라고 표현했습니다. 그는 어딘가를 돌아다니는 시간들보다 그곳에서의 삶이 자신의 삶을 더 잘 지탱해줄 것이라고 믿습니다.

많은 사람들이 템플 스테이를 가는 것처럼 그는 일본 교토로 여행을 떠났고, 지금까지도 일본에서 생활하고 있습니다. 고요함 속에서 자신에게 집중하며 더 많은 생각들을 하고 새로운 통찰을 얻기 위해서 말이죠.

그는 많은 사람들이 거대한 스크린에서 2인치 정도만 떨어져 있다고 생각합니다. 스크린은 시끄럽고 북적거리며 계속 변합니다. 그 스크린은 우리의 삶입니다. 그런데 좀더 뒤로 물러나 가만히 있어 보면 그 스크린이 무엇을 의미하는지 볼 수 있고 더 큰 그림을 포착할 수 있습니다. 그는 테드 강연에서 다음과 같이 말합니다.

"가속화시대에 천천히 가는 것보다 더 흥분되는 일은 없습니다. 산만한 시대에 주의를 기울이는 것만큼 사치스러운 일은 없습니다. 끊임없이 움직이는 시대에 조용히 앉아 있는 것만큼 긴급한 것은 없습니다."

사람들은 여전히 잠시 멈추어 서는 삶을 꿈꿉니다. 그래서 북유럽으로 여행을 가서 잠시라도 나를 돌아볼 수 있는 시간을 갖습니다.

여행을 가면 분명 자신에 대해 많은 생각을 하게 됩니다. 지금 내가 어디에 있고, 앞으로 어디로 가게 되고, 그것이 나에게 어떤 의미인지를요. 특히 혼자 여행을 가면 더 많은 시간을 이런 생각을 하는 데 할애할 수 있습니다.

이제, 일시정지 버튼을 눌러볼까요?

여러분은 지금까지 재생 버튼을 눌러왔습니다. 혹은 빨리감기 버튼을 눌렀을지도 모르죠. 그런데 너무 빨리 감다가 테이프가 엉키듯 삶이 엉켜버렸을지도 모르겠습니다. 때로는 그게 지금 내가 누리는 삶을 위한 의무라고 생각했을지 모릅니다. 하지만 그런 삶들이 여러분에게 어떤 것을 남겼는지 생각해본 적이 있나요?

저는 가끔 여행책을 읽습니다. 『천국은 아니지만 살 만한』이라는 여행 서적을 읽은 적이 있습니다. 출판사에서 일하는 20대 편집자가 갑자기 삶에 대한 고민이 있어 북아일랜드의 캠프힐에서 1년간을 지낸 내용입니다. 사실 그녀의 고민은 모든 직장인들의 고민이기도 합니다. 저 또한 그렇습니다. 언제 어떻게 일시 정지 버튼을 눌러야 할지 고민을 하는데 책의 저자는 바로 실행을 했다는 게 큰 차이입니다. 이 책의 앞부분에 이런 이야기가 있습니다.

"우리는 각자 다른 인생의 시간표를 가지고 살아간다. 삶이 유한하다는 이유로 누군가는 성취를 향해 부지런히 달리겠지만 반대로 나는 천천히 이 삶을 음미하고 싶었다. 내 앞에 놓인 정류장에 하나씩 들르며 그곳에 무엇이 있는지를 들여다보고 싶었다."

각자의 삶에는 속도가 있습니다. 속도보다 중요한 건 피코 아이어가 말했듯이 '고요함'과 '생각'입니다. 이 둘을 통해서 삶의 방향을 찾을 수 있고, 자기 고민에 대해 더 깊이 생각하며 자신을 알아갈 수 있기 때문입니다.

피코 아이어가 교토로 떠났듯 우리도 어딘가로 떠나길 원합니다. 하지만 그보다 더 중요한 건 잠시 조용히 앉아 생각해보는 겁니다. 그리고 방향이 정해지면 여러분은 언제 어디로든 갈 수 있습니다. 그건 어떤 문제도 아닌 마음의 문제이기 때문입니다.

"순간을 사랑하라. 그러면 그 순간의 에너지가
모든 경계를 넘어 퍼져나갈 것이다."
_ 코리타 켄트(수녀)

매일 하루 10분
내 마음을 챙겨봐

All it takes is 10 mindful minutes

앤디 퍼디컴

현재보다 미래가 더 중요하다고 생각하나요?

미래를 위해 현재를 희생하고 있나요?

바쁘게 돌아가는 사회, 명상이 필요합니다.

잠시 명상을 통해 마음챙김을 해보세요.

저는 가끔 이런 생각을 합니다. '지금 내가 살고 있는 세상은 전보다 좋은 세상일까?' 어떤가요? 정말 과거보다 더 살기 좋다고 생각하나요? 정말 옛날로 거슬러 올라가 생각해보면 지금은 분명 좋은 세상이죠. 표면적으로는요. 그런데 마음은 어떤가요? 과거보다 더 편안한가요?

지금은 마음만 먹으면 무엇이든 할 수 있는 세상입니다. 그래서 우리는 너무나 바쁘게 살고 있습니다. KTX가 없을 때만 해도 지방 출장을 가기 전 고민을 했는데, 요즘은 하루 만에 갔다오니 더 피로한 사회가 되었죠. 그리고 마음은 더 황폐해졌습니다. 보이지 않는 어떤 목표를 달성하기 위해서 더 빠른 경쟁에만 몰두하다 보니 말입니다.

바쁘게 돌아가는 사회, 명상이 필요해!

우리는 지금 모든 것이 너무 편리해진 사회에서 자신을 되돌아볼 여유도 없이 살고 있는 건 아닐까요? 긍정성 과잉 사회로 인해 오히려 우울증에 빠지고 있지는 않나요?

앤디 퍼디컴Andy Puddicombe은 테드 강연에서 이런 세상일수록 자신을 되돌아보는 시간이 필요하다고 말합니다. 그 방법으로 잠시 멈추어 설 수 있는 명상을 말합니다.

그는 10분 동안 아무런 방해도 받지 않는 시간을 가져본 적이 있느냐고 물어봅니다. 여러분은 어떤가요? 스마트폰이 없었을 때만 해도 10분 정도의 시간은 있었을 겁니다. 하지만 지금은 어떤가요? 친구와 이야기를 하지 않아도, 집에서 TV를 보지 않아도 스마트폰으로 항상 무언가를 하고 있습니다. 심지어 연인과 함께 있을 때조차도요. 무언가를 생각할 시간이 없습니다.

그는 11세 때 처음으로 명상수업에 참여했다고 합니다. 알다시피 '명상' 하면 떠오르는 이미지가 있죠? 그의 어머니도 명상수업을 들었고, 그 또한 명상을 좋아해서 참여했습니다. 쿵푸 영화에서 명상을 접하고 하늘을 나는 방법을 배울 수 있지 않을까라는 생각에서였습니다.

지금 생각해보면 명상은 마음의 진통제 같은 것이었습니다. 그런데 그는 명상이 예방적인 측면이 있을 거라는 생각은 하지 못했습니다.

20세 무렵 안 좋은 일이 연달아 발생하면서 그는 극심한 스트레스에 시달렸습니다. 그러면 보통 사람들은 어떻게 할까요? 술을 마시거나 누구에게 도움을 요청합니다. 혹은 그 일을 생각하지 않기 위해 일에 몰두하기도 합니다.

그는 어떻게 했을까요? 히말라야 산으로 갔습니다. 승려가 되어 명상공부를 시작했습니다.

많은 사람들이 거기서 무엇을 배웠는지 물어보았습니다. 많은 것을 배웠지만 무엇보다도 '더 감사하고 지금 이 순간을 이해하는 것'을 배웠다고 합니다. 어떻게 지금 이 순간 여기에 머무르면서 마음을 챙기며 지낼 수 있는지를 배웠습니다. 과도한 생각에 잠기지 않고 산만해지지 않으며 힘든 감정에 압도당하지 않는 겁니다.

그는 '지금 이 순간'이 너무 과소평가되어 있다고 합니다. 우리는 '현재 이 순간'에 너무 적은 시간을 할애하고 있습니다. 하버드대학교의 연구에 따르면 하루 평균 47% 정도의 시간 동안 우리는 생각에 잠겨 있습니다.

동시에 이런 끊임없는 마음의 배회는 불행의 직접적인 원인이기도 합니다. 삶의 대부분의 시간을 불행하게 허비하고 있는 셈이죠. 그런데 이를 해결할 방법이 있습니다. 바로 명상입니다. 매일 하루 10분이면 충분합니다.

생각을 멈추지 말고 한 걸음 물러나 생각하자

명상은 현재에 익숙해지도록 합니다. 하지만 어떻게 접근해야 하는지 알 필요가 있습니다.

사람들은 보통 명상이 생각을 멈추고 감정을 제거해 자신의 마음을 통제하는 것이라고 생각합니다. 하지만 그는 이게 명상이 아니라고 합니다. 명상이란 한 걸음 물러나 생각을 명확하게 보며 생각이 오고가는 것을 보는 것입니다. 느긋하면서도 집중된 마음으로 감정도, 어떤 판단도 없이 말입니다.

그는 테드 강연에서 직접 저글링을 하면서 "공에 너무 집중하면 말을 걸 수 없고 너무 느리게 말하면 공에 집중할 수 없다"고 했습니다. 그렇기 때문에 균형이 필요합니다. 평소 하던 대로 몰입하는 게 아니라 여러분의 생각이 오고갈 수 있는 '집중된 느긋함'이 필요합니다.

마음챙김을 할 때 알아야 할 건 '생각 때문에 산만해진다'는 것입니다. 불안한 생각이라면 어떨까요? 일이 잘 풀리고 있음에도 불안한 생각을 합니다. 어떤 결과가 나올지 모르는데 미리 불안해하며 걱정합니다. 날마다 그렇습니다.

마지막으로 치아가 흔들렸던 때를 생각해볼까요? 치아가 흔들리고 통증을 느끼기 시작하면 여러분은 20, 30초마다 자신에게 계속 반복해서 말할 겁니다. "아프다"라고. 사람들은 늘 이런 식이라고 합니다.

만약 명상을 하겠다고 앉아서 이런 식의 생각을 한다면 마음
은 쉼을 얻지 못하고 끊임없이 배회하는 것을 보게 될 겁니다.
명상은 이런 때 새로운 기회를 제공합니다.

명상을 통해 한 발 뒤로 물러나 사물을 늘 보던 대로 보는 게
아닌 다른 시각으로 볼 수 있는 기회를 가질 수 있습니다. 우리
삶에서 일어나는 소소한 일들을 바꿀 수는 없지만 그것을 경험
하는 방식을 바꿀 수는 있습니다. 그게 명상, 마음챙김의 잠재력
입니다. 매일 하루 10분만 투자해보세요.

외면이 아닌 내면에 집중해야 할 시기

퍼디컴은 현재 이런 명상과 관련해 헤드스페이스headspace라
는 플랫폼과 앱을 운영하고 있습니다. 여기서 여러분은 자신의
마음챙김을 할 수 있습니다. 이런 마음챙김이나 명상과 관련해
캄calm이라는 글로벌 앱도 있습니다. 국내에는 '마음보기 연습'
이라는 '마보' 앱이 있죠. 점점 많은 명상, 마음챙김 앱이 생기는
걸 보면 사람들이 마음 돌보기에 관심이 높은 것 같습니다.

이제는 정신과나 심리상담센터에 가서 상담을 받는 일이 점
점 일상화되어 가고 있는 것 같습니다. 제가 사는 동네에도 많은
심리상담센터가 있습니다. 아이부터 어른들까지 마음의 상처를

치유받길 원합니다.

사실 우리는 겉은 치장하면서 마음은 너무 내버려둔 것인지도 모릅니다. 몇 년 전부터 유행하던 '자존감'이라는 키워드가 여전히 사람들 마음속에 자리잡고 있는 이유인지도 모르죠.

퍼디컴은 매일 명상연습을 하기 위한 10가지 팁을 말하는데, 이 중에서 3가지만 유념하면 좋을 것 같습니다. 첫째, 되도록이면 아침에 명상을 하는 것입니다. 아침 명상을 통해 하루를 시작하면 그날 하루 마음챙김을 잘할 수 있습니다.

둘째, 명상을 하며 어떤 판단도 하지 않는 것입니다. 판단을 내리는 순간 산만해지기 때문입니다. 어떤 일에 대해 '나쁘다'라고 판단을 하면 더 이상 그 일을 하지 않게 됩니다. 동기를 잃어버리게 되는 것입니다.

셋째, 어떤 습관을 들일 때는 장소와 시간 등이 평소와 다르지 않다고 생각하는 것입니다. 마치 평소에 하던 일처럼요. 사람들은 장소나 시간이 바뀌면 기존 습관을 버리는 경향이 있기 때문이죠. 명상 또한 평소에 마치 하던 일처럼 생각하는 것입니다.

제갈량의 『계자서誠子書』에는 '비담박무이명지非澹泊無以明志 비영정무이치원非寧靜無以致遠'이란 말이 나옵니다. '마음이 깨끗해야 뜻을 밝힐 수 있고 마음이 안정되어야 원대한 이상을 이룰 수 있다'라는 뜻입니다. 겉으로 아무리 좋게 보여도 마음이 불안하면 자신이 하고 싶은 것을 할 수 없습니다.

자신의 마음이 누군가에게 상처를 받아 힘들어하고 있다면 원하는 걸 하기 어렵습니다. 산만해진 마음 때문에 집중이 안 되기 때문이죠. 이제는 마음도 돌봐야 하지 않을까요?

트렌드, 유행, 발전이라는 키워드에 익숙한 우리에게는 잠시 명상이 필요합니다. 명상을 통해 일단 나부터 지켜야 하지 않을까요? 무엇 때문에 흔들리는지 모르는 내 마음을 잡아주어야 하지 않을까요?

"우울증은 긍정성의 과잉에 시달리는 사회의 질병으로서
자기 자신과 전쟁을 벌이고 있는 인간을 반영한다."
_ 한병철 『피로사회』 중

인간관계에서 가장 중요한 건 무엇일까요?
몇 번을 만나고 어떤 대화를 하느냐가 아닙니다.
상대를 향한 내 마음의 진정성입니다.
진정성이 없다면 그 어떤 관계 스킬도 효과가 없습니다.

Chapter 3

관계에 좀 서툴러도
진정성이 더 중요해

어떻게 들을 것인가?
5가지 경청 방법

5 ways to listen better

줄리안 트레저

사람들과 대화할 때 어떤 스타일인가요?

듣기보다 말을 더 많이 하는 편인가요?

스마트폰을 만지작거리며 한 귀로 듣고 한 귀로 흘리나요?

지금부터 제대로 경청해보는 시간을 같이 가져봐요.

사람 간의 다툼이 일어나는 이유는 무엇일까요? 이해관계를 가장 먼저 생각할 수 있습니다. 하지만 그보다 더 본질적인 이유는 경청을 하지 않는 것입니다.

서로가 서로의 말을 듣지 않다 보니 문제가 무엇인지도 모른 채 나투는 경우가 많습니다. 부부싸움이 가장 대표적이지 않을까 생각합니다.

분명 누군가는 말했다고 하는데, 들은 사람은 없는 이상한 상황이 발생합니다. 저도 누군가와 말다툼을 하다 보면 항상 "나는 그런 이야기 못 들었는데…" "언제 그런 이야기했어"라는 말을 합니다. 그러면 상대방은 "몇 번을 이야기하는 거야"라는 식의 말이 이어지죠.

사실 이런 경우가 부부싸움뿐일까요? 영화나 드라마에서는 꼭 파출소나 경찰서에 이런 말들이 오고가며 목소리가 높아지는 상황이 종종 나옵니다.

왜 우리는 점점 더 듣지 않을까?

경청은 소통에 있어 중요합니다. 관계에서도 마찬가지죠. 누군가를 이해하는 건 사실 경청에서 시작되기 때문입니다. 상대의 말을 제대로 듣지 않고 그 사람을 이해할 수 있을까요? 기계적인 반응을 보일 수 있지만 공감하기는 쉽지 않습니다.

줄리안 트레저Julian Treasure는 커뮤니케이션 전문가입니다. 그는 우리가 점점 경청하는 법을 잊고 있다고 말합니다. 우리는 대개 소통할 때 시간의 60%를 경청하는 데 소비합니다. 그런데 들은 것 중의 25%만 기억합니다.

경청은 정신적이며 어떤 것을 추출해내는 과정입니다. 그래서 경청을 할 때 우리는 패턴을 인식합니다. 패턴 인식을 통해 잡음과 신호를 구분합니다. 여러분이 시끄러운 장소에서 상대와 이야기할 때를 생각해보면 쉽게 알 수 있습니다. 중요한 사항은 잡아내고, 불필요한 사항은 자연스레 버리죠. 또한 우리는 차이가 나는 소리는 듣지만 동일한 소리는 무시합니다.

이런 필터를 통해 자신이 집중해서 들으려는 소리를 구분할 수가 있습니다. 대부분의 사람들은 이런 사실을 인식하지 못하지만 말이죠. 이런 식으로 자신이 집중하고 있는 것을 말하다 보면 의견차이가 드러나 다툼이 일어나는 것입니다. 부부싸움이 일어나는 과정도 이런 식이죠. 자신이 가진 필터를 통해 듣고 싶은 말만 듣기 때문입니다. 필요 없는 말은 한 귀로 듣고 한 귀로 흘려보내는 겁니다.

그런데 왜 우리는 경청하는 법을 잊어가고 있을까요? 그 이유에는 2가지가 있습니다.

첫 번째는 기록하는 법 때문입니다. 필기, 오디오 녹음, 영상 녹화 등의 기억할 수 있는 도구들을 사용하다 보니 점점 정확하게 들어야 할 필요성을 느끼지 못하게 되었습니다.

두 번째는 세상이 너무 시끄러워서입니다. 시끄럽다 보니 듣는 일 자체가 피곤합니다. 사실 우리 주변에는 너무 많은 말들이 오갑니다. 유튜브, 페이스북, 인스타그램 등 수많은 SNS가 여러분에게 말을 걸고 있습니다.

생각해볼까요? 거리에는 많은 사람들이 이어폰을 끼고 다니고 사무실에서는 메신저로 대화하는 비중이 높아지고 있습니다. 이러다 보니 우리는 서로의 이야기를 제대로 들을 시간이 없습니다. 메신저를 하더라도 자신이 할 말부터 생각하며 글을 씁니다. 어쩌면 우리는 다른 사람의 이야기는 더 이상 듣고 싶지 않은지도 모릅니다.

그는 또 사람들이 참을성을 잃어가고 있다고 말합니다. 그래서 사람들은 점점 길고 지루한 걸 싫어하고, 짧고 빨리 들을 수 있는 것만 선호합니다. 유튜브만 봐도 그렇습니다. 대부분의 사람들은 유튜브에 10분 이내로 끝나는 영상을 올립니다. 사람들이 그 이상은 잘 들으려 하지 않기 때문입니다. 언론도 자극적인 말을 중심으로 이야기를 합니다. 그러다 보니 "낚였다"라는 말을 자주 하게 되었습니다.

효과적인 경청을 위한 5가지 방법

친구들과의 대화도 점점 사라지는 세상이 되어가고 있습니다. 이런 현실에서 효과적으로 경청하려면 무엇이 필요할까요?

첫 번째는 침묵입니다. 하루에 단 3분만 침묵해보는 겁니다. 왜 침묵이 필요할까요? 그는 조용한 소리조차 다시 들을 수 있도록 귀를 초기화하기 위함이라고 합니다. 마치 우리가 처음 태어났을 때처럼요.

산속에서 바람소리를 느끼는 것이라고 생각하면 더 좋을 것 같습니다. 너무나도 시끄러운 세상에 있다 보니 우리는 어떤 대상의 소리도 제대로 들을 수가 없습니다. 이러다 보면 새소리가 어떤 소리인지 모를 때가 올 수도 있을 것 같습니다.

두 번째는 '믹서mixer'라고 부르는 방법입니다. 그는 강연에서

호수의 새소리, 물소리를 들려주며 이야기합니다. 몇 마리의 새가 지저귀는지, 어디에 있는지, 잔물결소리는 어떤 소리인지 들으며 생각해보는 겁니다. 그래서 저도 여행을 가면 제 아이에게 산속의 새소리, 물소리를 들어보라고 합니다.

우리가 매일 찾는 카페 같은 공간에서도 연습해볼 수 있습니다. 카페에는 수많은 사람들이 서로 대화하는 소리, 점원이 주문을 받는 소리, 기계가 돌아가는 소리 등 다양한 소리가 존재합니다. 이런 많은 소리 속에서 각각의 소리를 구별해보는 연습을 해보는 겁니다.

세 번째는 무엇일까요? 음미하는 것savoring입니다. 일상의 다양한 소리를 즐기는 거죠. 우리 주위에는 수많은 소리가 있습니다. 아파트에 거주하면 엘리베이터가 열리고 닫히는 소리를 들을 수 있습니다. 집안에서는 어떤 소리가 날까요? 집에서 밥을 한다면 전기밥솥의 밥 짓는 소리, 국이 끓는 소리, 아이들이 말하는 소리, TV 소리를 들을 수 있습니다. 우울하지만 층간 소음까지도요.

네 번째는 가장 중요한 방법인데, 바로 경청 자세positions입니다. 경청 자세는 '적극적-수동적, 비판적-공감적, 못마땅한-마음을 연' 등으로 구분됩니다. 사람은 어떤 이야기를 듣느냐에 따라 자세가 달라집니다.

여러분이 관심 있는 주제라면 분명 적극적으로, 그리고 공감하면서 들을 것입니다. 그런데 관심 없는 주제라면요? 당연히 무관심해지고, 때로는 너무 지겨워서 비판적이게 될 수도 있겠죠? 이런 자세는 여러분이 원하는 대로 결정할 수 있습니다. 다른 사람과 대화를 할 때 나는 어떤 자세를 취하나요? 주제에 따라 어떤 자세를 취하는지 생각해보길 바랍니다.

마지막은 경청뿐만 아니라 소통할 때도 쓸 수 있는 방법입니다. 바로 'RASAReceive-Appreciate-Summarize-Ask'입니다. RASA는 산스크리스트어로 '본질'을 뜻하기도 합니다. 수신Receive은 누군가에게 주의를 기울이는 겁니다. 공감Appreciate은 "흠" "오" "좋아" 등의 작은 소리를 내는 거죠. 요약Summarize은 '그래서'를 통해 결론을 이끌어내는 것입니다. 물음Ask은 결론을 들은 후 질문을 해보는 것입니다.

상대를 배려하는 경청의 핵심은 진정성

트레저는 자신의 블로그에 경청이 삶을 어떻게 바꿀 수 있는지에 대해 이야기합니다. 그는 크게 5가지를 제시합니다.

먼저 경청은 이해할 수 있게 해줍니다. 누군가의 말이 무슨 뜻인지는 들어야 알 수 있기 때문입니다. 다음으로 친밀감을 높여줍니다. 여러분이 경청을 하면 그 사람은 여러분을 낯선 사람 대하듯이 하지 않겠죠.

세 번째는 설득입니다. 누군가가 어떤 일에 참여하길 원한다면 들어야 합니다. 그래야 그들의 생각을 이해할 수 있기 때문입니다. 네 번째는 학습입니다. 우리는 들어야 배울 수 있습니다. 들어야 질문을 할 수 있고, 그 질문을 통해 배움으로써 지식을 얻을 수 있습니다. 마지막으로 건강입니다. 우리가 소음에만 익숙해진다면 어떻게 될까요? 건강은 악화될 것입니다.

이런 경청의 효과에도 불구하고 우리는 갈수록 듣지 않습니다. 수많은 사람들이 자신의 말만 하고 있죠. SNS에서 나오는 수많은 글, 영상 등은 사람들이 자신을 나타내기 위해 얼마나 많은 노력을 하고 있는지 알 수 있습니다. 그런데 정작 다른 사람의 말은 얼마나 듣고 있을까요?

우리가 누군가의 이야기를 주의 깊게 듣고 있다면 행동으로 나타납니다. 몸을 앞으로 기울이거나 "맞아요" "저도 그랬어요" "아, 그렇군요" 등의 호응을 하게 됩니다. 또한 눈을 마주치며 그 사람의 시신을 따라가기도 합니다. 그런데 이 모든 길 떠나서 결국 경청의 핵심은 진정성이 아닐까 합니다. 진정성만 있다면 이런 경청의 스킬은 불필요할지 모릅니다. 사실 저런 행동을 하지 않아도 그 사람이 내 말에 얼마나 집중하고 있는지는 느낌으로 알기도 합니다.

많은 사람들이 MC 유재석을 좋아하는 이유도 이 때문이라 생각합니다. 다른 MC들과 달리 그의 경청은 진정성 있어 보이기 때문이죠.

여러분은 지금 다른 사람들의 말을 얼마나 잘 들어주고 있나요? 혹시 내가 힘들 때 내 말을 들어줄 사람을 찾고, 다른 사람이 힘들 때는 제대로 듣고 있지 않은 건 아닌가요?

"사람을 얻는 자들은 대부분 수다쟁이가 아닙니다.
그들은 사람들의 말문을 터주고
적절히 그 물길의 방향을 터주는 경청의 달인입니다."
_ 레일 라운즈 『사람을 얻는 기술』 중

상대의 마음을 여는 것
그게 바로 대화야

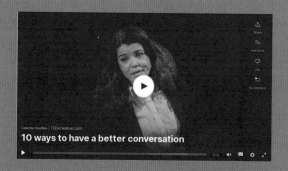

셀레스트 헤들리

상대의 마음을 여는 대화를 하고 있나요?

무언가를 꽁꽁 숨긴 채 대화를 하고 있지는 않나요?

말하기와 듣기의 균형을 잃어버리면 안 됩니다.

이제 서로 마음을 여는 대화를 해봐요.

일을 하다 보면 대화가 아닌 말만 전달하려는 사람이 있습니다. 자신이 하고 싶은 말만 하고 가버립니다. 일을 위해서는 대화를 통해 어떻게 업무를 진행해야 하는지 의견교환이 필요한데도 말입니다. 말만 전달하는 것은 대화의 형식을 띠고 있지만 대화가 아닙니다.

대화란 서로의 말이 오고가며 말의 의미가 전달되어야 합니다. 내가 말을 전달했지만 그 말 속에 담긴 맥락이 제대로 전달되지 않았다면 대화라고 할 수 있을까요? 앞에서 우리는 경청을 잘하기 위한 방법에 대해 배웠습니다.

말하기와 듣기의 균형을 잃어버린 대화

이번 테드 강연은 대화에 관한 이야기입니다. 바로 앞의 테드 강연이 온전히 내가 필요로 하는 소리를 듣기 위한 방법을 제시했다면, 이번에는 좋은 대화를 위한 유용한 방법에 대해 이야기하고자 합니다.

셀레스트 헤들리Celeste Headlee는 〈On Second Thought〉라는 라디오 프로그램의 진행자입니다. 그녀는 다수의 사람들을 인터뷰한 경험을 바탕으로 무엇이 좋은 대화인지에 대해 이야기합니다.

그녀가 사람들의 대화에 관해 어떻게 생각하고 있는지 들어보죠. 그녀는 강연에서 우리의 대화가 균형을 잃어가고 있다고 말합니다. 어떤 균형일까요? 말하기와 듣기의 균형입니다. 경청에 관한 강연에서도 말했지만 이미 너무 많은 사람들이 자신들이 하고 싶은 말만 합니다. 다양한 채널을 통해서요. 그런데 들으려는 사람은 없습니다.

신념을 가지고 말하는 건 좋지만 다른 사람들의 말에도 귀기울일 필요가 있음에도 말입니다. 이렇게 된 이유는 무엇일까요? 그녀는 기술의 발달을 말합니다. 스마트폰을 항상 휴대하면서 이렇게 된 것일 수도 있습니다.

비영리 사회연구 기관 퓨 리서치Pew Research에 따르면 미국

10대의 1/3이 하루에 100개 이상의 문자를 보낸다고 합니다. 게다가 그들 중에는 얼굴을 보고 이야기하기보다 문자로 대화하는 사람이 더 많다고 합니다.

사실 한국도 그렇죠. 회사에서도, 집에서도, 친구와 놀러가서도 서로의 얼굴을 보지 않고 스마트폰으로 이야기합니다. 심지어 바로 옆에 있는 사람과 '카톡'으로 대화하는 경우도 있습니다. 여러분은 어떤가요? 지금 사람들과 정말로 대화를 하고 있습니까?

그녀는 노벨상 수상자부터 트럭 운전자, 억만장자, 국가 원수까지 다양한 사람들과 대화를 했습니다. 이런 대화를 통해 그녀가 배운 것은 단순한 대화 스킬이 아니었습니다.

여러분도 알겠지만 대화 스킬과 관련한 책을 보면 이런 내용들이 나옵니다. '눈을 보고 이야기한다, 흥미로운 화제를 생각해 둔다, 고개를 끄덕거리고 웃으면서 집중하고 있다는 걸 보여준다, 상대방이 한 말을 따라하거나 요약한다.' 어떤가요? 많은 책들에서 이미 본 내용이지 않나요?

그녀는 이런 것들을 싹 다 잊어버리라고 말합니다. 여러분이 정말 어떤 이야기에 집중하고 있다면 이런 건 필요가 없다는 겁니다.

잘 생각해보면 우리가 이런 방법을 활용하는 것은 주로 업무적인 상황에서였습니다. 정말 자신이 좋아하는 이야기라면 자연스레 집중이 되어 굳이 저런 스킬을 사용하지 않아도 되겠죠.

마음을 여는 10가지 대화 스킬

그녀는 10가지 대화 스킬에 대해 간략하게 말합니다. 이 방법을 따르면 정말 내가 하지 말아야 할 것들이 무엇인지를 생각해볼 수 있습니다.

첫째, 멀티태스킹하지 마세요. 대화를 하면서 여러 가지 다른 활동을 하면 안 됩니다. 단지 손에 무언가를 들고 만지작거리지 말라는 이야기가 아닙니다. 대화를 하는 그 순간에 충실하라는 것입니다. 사실 우리가 무언가 딴 생각을 하고 있다면 상대방은 금방 알아차립니다. 그러면 어떻게 해야 할까요? 내키지 않는 대화라면 빨리 끝내라고 합니다.

둘째, 설교하지 마세요. 저도 그렇지만 사람들은 자신이 하고 싶은 말을 하면서 다른 사람에게 설교하는 경향이 있습니다. 만약 반응, 반박, 논쟁 등은 하고 싶지 않고 자기 할 말만 하고 싶다면 차라리 블로그에 글을 쓰라고 합니다.

대화는 의견의 교환이기 때문에 의견이 맞을 때도 있고, 다를 때도 있습니다. 그런데 무작정 '자기 말만 맞다'는 식으로 이야기하면 상대방이 어떨까요? 당연히 기분 나빠 하겠죠. 모든 사람은 어떤 분야의 전문가라는 걸 잊지 말아야 합니다.

셋째, 개방형 질문을 하세요. 기자들처럼 육하원칙으로 질문을 하는 것입니다. 복잡한 질문을 하면 단순한 답밖에 나오지 않습니다. "겁먹었어?"라고 물으면 "응" 혹은 "아니"라는 답밖에 얻지 못합니다. 그래서 상대방이 직접 자신의 감정을 말하도록 하는 겁니다. "어땠어요?" "어떤 느낌이었어요?"처럼 말입니다. 이런 질문을 던지면 상대방이 조금 더 고민해보고 흥미로운 답변을 해줄 것입니다.

넷째, 대화에 몰입하세요. 대화를 하다 보면 어떤 생각이 떠오를 수가 있는데, 그런 생각을 지워버려야 한다는 겁니다. 그녀는 인터뷰를 하는 일이 잦은데, 퇴근시간이 되면 머릿속에 빨리 집에 가고 싶다는 생각만 가득하다면 어떻게 될까요? 대화가 제대로 될까요? 집에 가고 싶은 생각에 인터뷰를 대충 하고 마칠 가능성이 높습니다.

또한 가끔 뜬금없는 질문을 하는 사람이 있는데, 그런 경우는 사회자에게 던질 질문만 생각하다 타이밍을 놓친 경우라고 합니다. 대화에 집중하지 못한 거죠.

다섯째, 모르면 모른다고 해야 합니다. 그녀에 따르면 공영방송에 출연하는 사람들은 자신들이 하는 이야기가 녹음된다는 걸 알고 무엇이든 단정적으로 말하는 것을 조심한다고 합니다. 우리도 조심해야 합니다. 지나칠 정도로요. 어떤 사람들은 정말 얕은 지식으로 모든 분야를 다 아는 것처럼 말합니다. 얄팍하고 짤막한 지식으로 SNS에 글을 올리면서 마치 깊이 있게 아는 것처럼 행동합니다.

여섯째, 자신의 경험과 다른 사람의 경험을 동일하게 여기지 말아야 합니다. 누군가가 가족의 죽음을 이야기했을 때 자신이 가족을 잃었던 이야기를 하지 말라는 것입니다. 회사 일에 대해 힘들다고 하면 같이 불평하지 말라고도 합니다. 왜냐하면 모든 경험은 개인적이어서 동일하지 않기 때문입니다. 대화의 중심은 나 자신이 아닙니다.

정말 대화를 하다 보면 '사람의 경험은 동일한 것처럼 보여도 다 다르기 때문에 함부로 동일시하면 안 되겠다'라는 생각을 많이 하게 됩니다. 서로가 경험한 상황이 다를 수 있기 때문이죠. 특히 자기 자랑은 금물입니다.

일곱째, 자신에 대한 말을 반복하지 마세요. 잘난 체하는 것 같고, 지루하기 때문입니다. 그런데 사실 많은 사람들이 그렇게 합니다. 특히 직장 후배나 자녀와 이야기할 때 똑같은 말을 계속해서 하지 말라고 합니다.

여덟째, 세부적인 것에 집착하지 마세요. 사람들은 세부적인 정보에 관심이 없습니다. 대화의 핵심은 여러분 자신입니다. 상대방의 관심은 여러분에게 있습니다. 여러분이 무엇을 좋아하고 어떤 점에서 공통점이 있는지 관심이 있는 겁니다. 디테일은 잊어버리세요.

아홉째, 가장 중요한 것인데 바로 경청입니다. 석가모니는 "입이 열려 있다면 배우지 않고 있는 것이다"라고 말했습니다. 미국의 캘빈 쿨리지Calvin Coolidge 대통령은 "많이 들어서 해고된 사람은 없다"라고 했죠. 스티븐 코비Stephen Covey는 "우리 대부분은 이해하려고 듣지 않는다. 대답하려고 듣는다"라고 했습니다. 여러분은 어떤가요? 대화를 할 때 듣는 이유는 무엇인가요? 자기가 하고 싶은 말만 하면 대화의 집중력이 떨어질 수 있습니다. 경청은 그래서 중요합니다.

마지막으로, 짧게 말하세요. 그녀의 동생은 "대화는 미니스커트"라고 말했다고 합니다. 대화는 가능한 한 짧게 말하는 것이 중요하다는 겁니다. 지금까지 이야기한 이 스킬의 핵심은 결국 상대방에게 관심을 가지는 것입니다.

결국 사람의 진정성과 공감이 답이다

지금까지 그녀가 강연에서 말한 대화의 10가지 스킬을 살펴봤습니다. 여러분이 알던 기존의 대화 스킬과 어떻게 다른가요?

우리는 대화를 하다 보면 대화 내용에 집중합니다. 그런데 그녀의 이야기를 들어보면 대화 내용 그 자체보다 상대에게 관심을 가지라고 합니다. 내가 말하기 위해서 대화 내용에 관심을 갖다 보면 대화가 끊길 수도 있고, 집중하지 못해 대화의 맥락을 제대로 파악할 수 없게 됩니다.

상대의 마음을 여는 대화를 하고 싶다면 잠시 나를 내려두는 게 좋습니다. 내 머릿속에 대화를 방해하는 생각들, 말하고 싶은 욕구, 내가 꼭 말해야만 하는 사항들도 말입니다. 마음을 여는 대화는 사실 엄청난 스킬이 필요하지 않습니다. 그녀가 싹 다 잊어버리라고 한 그런 스킬이 아니라면 그저 상대에게 집중만 하면 됩니다.

사람들을 인터뷰하다 보면 상대가 나에게 얼마나 집중하고 있는지를 알 수 있습니다. 눈은 나를 보고 있어도 딴 생각을 하고 있는지 아닌지, 말은 하고 있어도 정말 내 말에 귀를 기울이고 있는지 아닌지를 말이죠. 어쩌면 마음을 여는 대화의 핵심은 앞의 강연에서도 이야기한 것처럼 공감과 진정성일지 모릅니다.

어떤 스킬도 공감과 진정성을 따라올 수가 없습니다. 대신 어설픈 공감은 주의할 필요가 있습니다. 그녀도 이야기했듯이 나의 경험과 상대의 경험은 겉으로는 같아 보여도 실상은 다를 수 있기 때문입니다. 아마도 그것이 우리가 마음을 여는 대화에서 가장 잘 알지 못했던 부분이 아닐까 합니다. 대부분의 책에서 공감을 강조하다 보니 '나도 그런 경험을 해봐서 알아'라는 식의 방법이 제시되기 때문이죠.

"사람들이 원하는 모든 것은 자신의 이야기를 들어줄 사람이다."
_ 휴 엘리어트(외교관)

투명성 착각에 빠지지 마
도움을 요청해

Heidi Grant | TED Salon: Brightline Initiative
How to ask for help — and get a "yes"

하이디 그랜트

말하지 않아도 내 마음을 알아주었으면 하나요?

그런데 현실에서 그건 너무 힘들어요.

그게 누구에게나 왜 힘든지 같이 알아보죠.

'예스'를 이끌어내는 도움 요청 방법도 알아보죠.

저는 누군가에게 개인적인 도움을 요청하지 않는 편입니다.
요청 자체가 부담스럽기도 하고, '요청을 했다가 거절당하면 어
떻게 해야 할까'라는 생각을 하기 때문입니다.

저뿐만 아니라 많은 사람들이 그럴 것입니다. 도움을 요청하
는 게 내가 빚을 지는 것 같고, 보답으로 무언가를 해주어야 한
다는 생각이 들어서일 겁니다.

누군가에게 도움을 잘 요청하는 편인가요? 혹시 무작정 도움
을 요청하고 있지는 않나요? 어떤 사람들은 대뜸 "좀 도와줘"라
고 쉽게 말하기도 합니다. 그런데 이럴 때 상대방은 '뭐지?'라는
생각을 할 수 있습니다. 이쯤 되면 도와줄 생각은 이미 사라진
지 오래입니다.

도움을 요청하는 건 너무 힘들어!

사람 간의 관계에서 도움은 매우 중요합니다. '기브앤테이크'라는 말처럼 혼자 잘나 모든 걸 다할 수는 없기 때문입니다. 사회심리학자인 하이디 그랜트Heidi Grant는 도움을 요청했을 때 '예스'라는 답을 얻을 수 있는 방법에 대해 테드 강연을 합니다.

그녀는 2017년 '씽커스50Thinkers50'에서 뽑은 세계에서 가장 영향력 있는 경영 사상가 중 한 명입니다. 그녀의 강연 속으로 한번 떠나볼까요?

사람들이 두려워하는 Top 10 목록에는 대중연설, 죽음 등이 있습니다. 그런데 아마 이 중에는 도움을 요청하는 것도 있을 거라 생각합니다. 이런 일을 두려워한다는 것이 어리석어 보이지만 사람들은 누군가에게 도움을 요청하는 일을 불편해하고, 되도록이면 피하려고 합니다.

그녀의 아버지도 그랬다고 합니다. 길을 잃었을 때 고속도로로 가는 길을 물어보자고 했을 때 아버지는 거절했다고 합니다. 그리고 여느 아버지처럼 길을 잃지 않을 거라 믿었죠. 미국이나 한국이나 남자들이 길을 물어보지 않는 건 마찬가지인 것 같습니다. 자신의 기억을 과신하며 스마트폰 내비게이션의 도움도 받지 않으려는 이들도 있습니다. 여러분 주변에도 이런 사람이 꼭 있지 않나요?

그래서 그녀는 우리가 도움을 요청하는 일이 편해지려면 능숙해지는 수밖에 없다고 말합니다. 이를 통해 '예스'를 얻어내는 것입니다.

또한 상대방에게 만족감이나 보상받는 느낌을 주어야 합니다. 그래야 상대방도 심적으로 부담을 느끼지 않습니다. 그녀는 이런 생각을 가지고 연구를 통해 어떤 도움을 요청받았을 때, 누구는 되고 누구는 안 되는지를 밝혀냈습니다.

문제는 투명성 착각이야!

그녀가 찾아낸 '도움을 요청하는 방법'에 대해 알아볼까요? 도움이 필요하면 큰 소리로 요청해야 합니다. 그런데 대부분은 그렇게 하지 않습니다. '투명성 착각illusion of transparency'에 빠져 있기 때문입니다. 그녀는 테드 강연에서 다음과 같이 말합니다.

> "투명성 착각은 다른 사람들이 우리의 생각, 감정, 욕구를
> 정말로 명확히 알 것이라는 잘못된 신념입니다."

많은 사람들은 다른 사람이 자신의 처지를 잘 알 것이라 생각하고 도움을 요청하지 않고 기다립니다. 잘 생각해보면 가족관계에서도 도움이 필요한지 모르는 경우가 많은데, 남이라면 어

떨까요? 여러분이 어떤 고민이 있고 도움이 필요한지를 모를 가능성이 매우 높습니다.

그녀의 동료는 하루에도 몇 번씩 그녀에게 "괜찮아요? 필요한 거 없어요?"라고 물었다고 합니다. 왜냐하면 그녀가 도움 요청에 서툴렀기 때문입니다. 도움이 필요하면 요청을 해야 합니다. 한 연구에 따르면 직장에서 동료에게 받는 도움의 90%는 명확한 요청이 있을 때에만 이루어진다고 합니다.

여러분도 한번 생각해보세요. 내가 누군가에게 도움을 요청하거나 도움을 받았을 때 어떤 명확한 요청이 있었나요? 아니면 없었나요?

'예스'를 이끌어내는 도움 요청 방법

이런 도움을 요청하기 위해 우리가 어떻게 해야 할까요? 알아두면 좋은 몇 가지 팁을 그녀는 소개합니다.

첫 번째는 도움을 요청할 때 어떤 도움이, 왜 필요한지 매우 구체적으로 알려주어야 한다는 것입니다. 상대방의 관점에서 생각해보면 편합니다. 여러분의 도움 요청이 두루뭉술하거나 우회적이라면 상대방이 잘 알아차릴까요? 그렇지 않겠죠. '도대체 내가 무얼 도와주어야 하는 거야?' 혹은 '자길 도와달라는 거야, 말라는 거야'라는 생각을 하지 않을까요?

그녀는 글로벌 비즈니스 인맥 사이트인 링크드인Linkedin을 통해 커피나 한잔하며 네트워크 하자는 요청이 오면 이를 무시한다고 합니다. 자신이 나쁜 사람이어서 그런 게 아니라 상대가 정확히 무엇을 원하는지 모르기 때문입니다. 그래서 가능한 한 도움 요청은 구체적으로 해야 상대방도 무엇을 어떻게 도울 수 있는지 고민해볼 수 있습니다.

두 번째는 거부, 사과, 뇌물을 피하는 것입니다. 사람들은 도움을 요청할 때 자신이 약하거나 탐욕스럽지 않다는 것을 보여주려 합니다. 그런데 이런 것은 상황을 불편하게 만들 뿐입니다. 특히 친분이 있는 관계에서 대가를 지불하는 일은 신중해야 합니다. 그러면 '거래'가 되기 때문입니다. 사람들은 더 이상 도우려고 하지 않을 겁니다. 선물은 할 수 있습니다.

그녀는 다음과 같은 말들이 상대를 매우 힘들게 한다고 합니다. 저도 이런 말들을 습관적으로 사용하는데, 다시 한번 생각해보게 됩니다. "이런 부탁을 해서 정말 미안한데…" "이설로 너를 괴롭히려는 건 아닌데…" "너의 도움 없이 이걸 할 수 있는 방법이 있다면 그렇게 할게."

세 번째는 이메일이나 문자로 도움을 요청하지 않는 것입니다. 가장 주의해야 할 사항 중 하나입니다. 사람들은 이런 방법이 편리해서 자주 활용합니다. 하지만 이런 방법은 비인격적입니다. 이메일, 문자 같은 툴이 상대를 덜 불편하게 할까요? 연구결과에 따르면 이메일보다 직접 도움을 요청하는 것이 긍정적인 대답을 얻을 확률이 30배나 더 높다고 합니다.

저 또한 이메일이나 문자로 도움 요청을 받으면 잘 응하지 않습니다. 정말 중요하다고 생각되면 보통은 전화를 하거나 만나자고 하기 때문입니다.

마지막은 도움받은 후에 결과를 알려주어야 한다는 것입니다. 보통 도움을 주는 행위 그 자체가 보람이 있어 도움을 준다고 생각합니다. 하지만 도움을 주는 사람들은 일이 잘 진행되었는지, 그 결과는 어땠는지 알기를 원합니다. 그것이 일종의 도움에 대한 보상이기 때문이죠.

누군가에게 무언가를 부탁해 일을 처리했다면 그 일이 현재 어떻게 진행되는지, 어떻게 끝났는지를 알려주는 게 중요합니다. 이를 잘 모르는 사람들은 도움을 받은 후에 깜깜무소식인 경우가 많습니다. 여러분이 도움을 주었는데, 그 후 소식이 없다면 어떤 기분이 들까요? '단지 내가 필요해서 연락한 거야'라고 생각하며 괘씸하다는 기분이 들지 않을까요?

기부금도 마찬가지입니다. 굿네이버스, 월드비전 같은 자선단체에 몇 년 동안 기부금을 냈는데, 아무 소식이 없다면 어떨까요? 작은 돈이지만 의미를 부여하고 기부를 했는데, 이 돈이 잘 쓰이고 있는지, 어려운 사람들에게 어떤 도움을 주고 있는지 궁금하지 않을까요? 도움을 받으면 그 결과를 항상 공유해야 합니다.

상대방 관점에서 도움을 요청하라

우리는 문화적으로 도움을 주고받는 것에 익숙하지 않은 것 같습니다. 하지만 서로 도움을 주고 받아야 하는 사회 속에서 살고 있습니다. 혼자서 다 할 수 있으면 좋지만 기술은 급속도로 빨리 변하고, 여러분 주변의 것들은 수시로 바뀝니다. 이런 세상에서 이제 도움 요청에 익숙해져야 합니다. 다만 제대로 요청할 수 있어야 합니다.

도움을 요청할 때는 상대방 관점에서 생각해야 합니다. 그러면 그녀가 말한 3가지 팁의 의미를 제대로 알 수 있습니다. 누군가가 도움을 요청하는데 무슨 소리인지도 모르겠고, 도와주면 돈을 준다고 하고, 이를 이메일로 요청했다면 이보다 나쁜 도움 요청 사례는 없을 것입니다.

아직은 도움 요청에 익숙하지 않을지 모릅니다. 하지만 무엇이든 하다 보면 익숙해지기 마련이죠. 여러분에게 정말 도움이 필요하다면 상대방이 도움을 줄 수 있도록 구체적으로 상대방 입장에서 요청해보세요.

예를 들어 커리어 고민이 있다면, 현재 자신이 무슨 일을 하고 있고, 최근 왜 이런 고민을 했고, 앞으로 커리어 관련해서 어떤 이야기를 듣고 싶은지를 알려주어야 합니다.

하이디 그랜트는 자신의 홈페이지에 도움과 관련해 5가지 팁

영상을 올려놓았습니다. 시간이 된다면 그 영상을 보며, 테드 강연에서 듣지 못한 또 다른 도움 요청 관련 팁을 확인해보기 바랍니다.

'분명히, 구체적으로, 명확하게' 도움을 요청해야 합니다. 투명성 착각에 빠져 상대가 여러분의 모든 걸 알고 있다고 생각하지 마세요.

> "세상에서 가장 어려운 일은 사람의 마음을 얻는 일이다.
> 각각의 얼굴만큼 다양한 각양각색의 마음이 있다.
> 그 바람 같은 마음을 머물게 한다는 건 정말 어려운 거다."
> _ 생텍쥐베리의 『어린 왕자』 중

거절을 두려워하지 마
의견에 불과해

Jia Jiang | TEDxMtHood

What I learned from 100 days of rejection

지아 장

"나는 거절이 두려웠다.

그런데 그 순간 아무것도 할 수 없었다.

이제 거절은 그냥 거절일 뿐이라 생각하기 시작했다."

100번의 거절 실험. 어떤 결과를 만들어냈을까요?

누구나 한 번쯤은 거절당해본 적이 있습니다. 거절을 당하면 마음이 안 좋습니다. '내가 괜히 그랬나…' 싶기도 하죠. 처음 한두 번은 견디지만 계속 거절당하면 어떤 제안이나 부탁을 하지 않게 됩니다.

제가 아는 분노 입사 조기에는 열정석으로 다양한 아이디어를 제시했습니다. 신입사원 때는 항상 그런 열정이 있죠. 그런데 한두 번 거절당하기 시작하니 '내가 굳이 말해야 되나?'라는 생각을 하게 되었다고 합니다.

만약 여러분이 사업을 한다면 '죄송합니다'라는 내용이 담긴 메일이나 전화를 수도 없이 받을 수 있습니다. 회사조직의 일원으로서 거절을 당하면 어떤 경우는 '다행이다' 생각하고 넘길 수도 있습니다. 그런데 내가 꼭 성공시켜야 하는 사업이라면 어떨까요? 한두 번 거절당했다고 해서 그만둘 건가요? 그렇지 않겠죠. 내 사업이니 어떻게든 상대방을 설득하든지, 다른 고객을 찾아보든지 할 겁니다.

6세 꼬마 vs. 14세 아이

이런 거절에 어떻게 대처해야 할까요? 이제 소개하는 테드 강연은 사업가인 지아 장Jia Jiang의 거절에 대한 이야기입니다. 실제 100번의 거절을 통해 자신이 배운 것이 무엇인지를 말합니다. 그의 강연은 사람들이 2017년에 가장 많이 본 강연 중 하나이기도 합니다.

강연은 그가 6세 때 선물을 받았던 일로 시작합니다. 당시 선생님은 아이들에게 칭찬의 개념을 가르쳐주기 위해 아이들에게 서로 돌아가며 칭찬을 해보도록 했습니다. 칭찬을 받은 친구는 선물을 가지고 가는 거였죠.

40명의 학생이 있었고, 아이들은 돌아가면서 칭찬을 했습니다. 마지막에 3명이 남았고, 그는 이 3명에 포함되었습니다. 그런데 더 이상 칭찬이 나오지 않았죠. 아무도 칭찬을 하지 않았고, 그는 선생님의 말씀대로 그냥 선물만 가지고 갔습니다. 이건 그가 겪은 첫 번째 거절이었습니다.

이번에는 14세 때의 이야기입니다. 그의 고향인 북경에 빌 게이츠가 왔습니다. 그는 빌 게이츠의 연설에 감동을 받고 자신이 무엇을 해야 할지 깨달았습니다. 가족들에게 '25세까지 세계에서 가장 큰 회사를 만들고, 마이크로소프트를 살 거예요'라고 편지를 썼습니다. 2년 후 그는 미국에 갔고 30세가 되었습니다. 하지만 그가 말한 회사는 설립하지 못했죠. '포춘 500'에 속한 회사의 마케팅 매니저로 일하고 있었습니다.

그는 막다른 골목에 다다른 느낌이었습니다. 왜 그랬을까요? 그는 새로운 아이디어가 있을 때마다 이를 시도하려 했지만 내면의 갈등이 있었습니다. 6세 때의 거절당한 경험과 14세 때의 새로운 시도에 대한 자신감 사이에서 매번 6세 꼬마가 이겼던 겁니다.

그 후 그는 회사를 설립했습니다. 하지만 두려움은 계속되었습니다. 투자를 위한 프레젠테이션을 했는데 투자를 받지 못했습니다. 당연히 힘들었습니다. 그는 생각했습니다. '빌 게이츠라면 어땠을까?'

여러분도 알다시피 성공한 기업가 중에 거절당했다고 포기하는 사람이 있었나요? 그는 알았습니다. 더 좋은 회사, 팀, 제품을 만들 수 있지만 중요한 건 자신이었습니다. 리더가 더 좋은 사람이 되어야 한다는 겁니다. 6세 꼬마 때문에 자신의 인생을 망칠 수는 없었습니다.

거절치료, 100번의 거절당하기를 시도하다

그는 구글 검색을 하며 거절의 두려움을 극복하는 방법을 찾아 봤습니다. 그리고 '거절치료' 사이트(rejectiontherapy.com)를 발견 했습니다.

캐나다인이 운영하는 이 사이트는 30일 동안 밖에 나가 거절 을 당해보는 거절치료를 진행하고 있었습니다. 거절을 계속 당 하면서 거절에 둔감해지는 것이 목표였습니다. 그는 이 거절치 료를 시도해 100일 동안 거절당하는 자신을 보겠다고 마음먹었 습니다. 그리고 영상 블로그도 만들었습니다.

그가 첫째 날에 한 일은 '모르는 사람에게 100달러 빌리기'였 습니다. 자신이 일하는 건물의 아래층에 있는 덩치 큰 경비원에 게 다가갔습니다. 그 시간은 그의 인생에 있어 가장 긴 시간이었 습니다. 당연히 식은땀도 나고 가슴이 두근거렸습니다. 그 사람 앞에 가서 "안녕하세요. 100달러 좀 빌릴 수 있을까요?"라고 말 했습니다.

경비원은 "안 되는데요, 왜요?"라고 물었죠. 그러자 그는 "아 니, 죄송합니다" 하고 뒤돌아 달려가버렸습니다. 너무 창피했습 니다. 그날 밤 찍은 영상을 보고 자신이 얼마나 거절을 두려워하 고 있는지 알았습니다. 경비원은 위협적이지도 않았습니다. 그 의 사정을 듣고 싶어 했을 뿐이었는데 그는 도망쳐버렸습니다.

다음날에는 도망가지 않고 어떻게든 버텨보기로 했습니다.

둘째 날에는 '햄버거 리필하기'였습니다. 햄버거 매장에 들어가 햄버거를 다 먹은 후 점원에게 "햄버거 리필되나요?"라고 물었죠. 점원이 리필이 무슨 말인지 몰라 설명까지 해주었는데 점원은 안 된다며 거절했습니다.

하지만 그는 첫날처럼 도망치지 않고 대신 이렇게 말했습니다. "저는 여기 햄버거도 좋아하고 이 프랜차이즈도 좋아하는데 리필만 해주면 정말 더 좋아할 텐데…"라고요. 그러자 점원은 "아 그럼, 매니저에게 말해볼게요. 어쩌면 될지도 모르는데 오늘은 안 될 것 같아요"라고 말했습니다. 첫날처럼 죽을 것같이 창피한 느낌은 들지 않았습니다.

셋째 날은 '올림픽 도넛을 얻는 것'이었습니다. 인생이 바뀐 날이었죠. 크리스피 크림 도넛 매장에 가서 그는 "올림픽 오륜 마크처럼 생긴 도넛을 만들어줄 수 있나요? 도넛 5개를 연결시키면 되는 건데…"라고 물었습니다. 해줄 리가 없다고 생각했죠.

그런데 매장직원은 이 부탁을 진지하게 받아들였습니다. 종이를 꺼내 올림픽 마크를 그려보며 고민하더니 15분 후 오륜마크처럼 꾸민 도넛을 들고 나왔습니다. 직원이 그렇게까지 할 줄은 몰랐는데 말이죠. 현재 이 영상은 유튜브 조회수가 580만 이상입니다. 이런 요청을 한 것도 대단하지만 고객의 그런 요청을 들어주었다는 것 자체가 놀라운 일이죠.

물러서기보다는 '왜' 안 되는지 물어보라

그는 이 일로 신문기사에도 나오고 토크쇼에도 나가게 되면서 유명인사가 되었습니다. 이런 거절연습은 100일 가까이 진행되었습니다. 그가 배운 건 거절당해도 물러서지만 않으면 "아니요"를 "네"로 바꿀 수 있다는 사실이었습니다. 그리고 그 비결은 바로 '왜'였죠. 그는 테드 강연에서 다음과 같이 말합니다.

> "물러서지만 않으면
> '아니요'를 '예'로 바꿀 기회는 있습니다."

그의 거절당하기 연습 중에는 '꽃나무를 낯선 집에 심어주기'도 있었습니다. 처음 간 집에서 꽃나무를 뒷마당에 심어도 되냐고 묻자 집주인은 안 된다고 했습니다. 그래서 왜 안 되는지를 물었습니다. 그랬더니 키우고 있는 개가 그 꽃나무를 망가뜨릴까봐 안 된다고 했습니다. 대신 길 건너편에 있는 이웃집이 꽃을 좋아한다고 알려 주었습니다. 그 집에 가서 물어보자 꽃나무를 심을 수 있어서 매우 좋아했습니다.

이뿐 아니라 '스타벅스 매장의 접대원 되기'도 시도해봤습니다. 매장 앞에서 손님에게 인사를 하는 겁니다. 알다시피 스타벅스에는 이런 식으로 인사를 하는 직원이 없습니다. 그 결과 스타벅스 접대원도 해볼 수 있었습니다.

그가 이런 걸 할 수 있었던 이유는 상대에게 자신이 가진 의문점에 대해 질문을 했기 때문입니다. 질문을 통해 긍정의 대답을 이끌어낸 것입니다.

'대학교에서 강의하기'도 시도했습니다. 교수님에게 몇 번을 요청한 결과 실제로 강의도 했습니다. 대학에서 강의를 하려면 박사학위가 필요한데 말이죠. 그의 이런 거절 프로젝트는 그의 인생을 바꾸었습니다.

거절은 의견에 불과하다

사실 거절은 어쩌면 너무 자연스러운 행동입니다. 모든 사람이 누군가의 부탁에 단번에 "좋아요. 한번 해보죠!"라고 하는 경우는 거의 없기 때문입니다. 오히려 부탁을 단번에 받아들이는 경우가 더 이상한 것입니다.

성공한 사람들도 거절을 당합니다. 우리는 성공한 후의 모습만 보지 그전의 모습은 잘 보지 못합니다. 수많은 거절을 당했다고 말해도 지금의 성공한 모습 때문에 과거의 쓰라린 거절 경험은 잘 드러나지 않습니다.

다음은 우리가 너무나도 잘 아는 유명한 책들이 출간 전에 수없이 거절당한 일에 관한 이야기입니다. 『안네의 일기』가 15회,

『파리대왕』이 20회, 『해리포터와 마법사의 돌』이 12회나 거절을 당했습니다. 여러분이 잘 아는 이 책들은 지금은 고전으로 평가받고 있거나 많은 사람들의 사랑을 받고 있습니다. 단번에 성공하는 일은 거의 없습니다.

저 또한 첫 책을 출간할 때 수십 개의 출판사에 원고를 투고했는데, 연락을 받은 출판사는 단 몇 곳에 불과했습니다. 만약 여러분이 책을 써서 10개의 출판사에 원고를 투고한 후 아무런 응답을 받지 못했다 해도 실망할 필요가 없습니다. 또 다른 출판사를 찾으면 됩니다.

그런데 우리는 항상 한두 번 시도해보고 좌절을 합니다. 거절당하면 안 된다고 법으로 정해져 있는 것도 아닌데 말이죠. 거절도 하나의 의견일 뿐입니다. 의견이 무엇인가요? 말 그대로 의견은 주관적인 생각일 뿐입니다. 상황에 따라 여러분의 제안이나 부탁은 받아들여질 수 있습니다.

지아 장이 강연에서 말한 것처럼 거절당했다면 이유가 무엇인지 물어보고 다시 준비하면 됩니다. 여러분이 제안한 것이 정말 가치가 있다고 생각한다면 거절의 횟수는 중요하지 않습니다. 어찌 되었든 실행되는 것이 더 중요합니다.

지금까지 여러분이 지나온 시간을 돌아보세요. 그 시간 속에 얼마나 많은 거절이 있었는지, 거절에 어떻게 대응했는지 생각해보세요. 거절은 누군가가 여러분에게 수치심이나 부끄러움을 주려고 하는 게 아닙니다. 어쩌면 거절하는 당사자도 여러분의 제안을 제대로 판단하기 어려웠을지 모릅니다. 혹은 자신의 의사결정 범위를 벗어난 일이었을 수도 있습니다.

거절은 역으로 생각하면 새로운 기회일 수 있습니다. 여러분이 그 거절을 승낙으로 바꾼다면 어떨까요?

"이도 저도 할 수 없다고 생각하는 한,

그것을 하지 않기로 마음먹는 한,

결과적으로 그것을 하기란 불가능해진다."

_ 바뤼흐 스피노자(철학자)

자신 있게 말하려면
어미곰과 관점을 기억해

애덤 갈린스키

꼭 하고 싶은 말이 있는데 하지 못하고 있다면?

이 말만은 했어야 했는데 후회하고 있다면?

원하는 걸 간절히 얻고 싶다면

이번 테드 강연을 꼭 기억하길 바랍니다.

하고 싶은 말을 못해서 후회했던 적이 있나요? 내가 가고 싶은 장소가 있는데 말을 꺼내지 못했거나, 분명 저건 내가 아는 게 맞는데 말하지 못했던 적은 없나요? 괜히 다른 사람들의 마음을 불편하게 할까봐 자신의 의견을 말하지 못했던 적은 없었나요?

사실 여러 이유로 자신 있게 자신의 생각을 말하지 못하는 경우가 많습니다. 저 또한 서로 불편할까봐 하지 않은 말이 많습니다. 반면 너무 강하게 제 의견을 이야기했던 적도 있죠.

너무 말을 안 해도 문제지만 의견을 너무 강하게 이야기해도 인간관계에서 문제가 생깁니다. 참, 어려운 문제입니다. 어떻게 하면 이 난제를 해결할 수 있을까요?

수용 가능한 행동범위의 존재

애덤 갈린스키Adam Galinsky는 자신 있게 말하는 것의 딜레마에 대해 연구한 사회심리학자입니다. 그는 이런 딜레마에 대해 테드 강연에서 핵심적인 2가지 사항을 말합니다. 그것은 '어미곰 효과'와 '관점 취하기'입니다. 먼저 그가 경험한 이야기를 들어 보겠습니다.

첫 번째는 그와 그의 아내가 아기를 데리고 병원에 갔을 때 있었던 일입니다. 그들은 아기가 모유 수유를 통해 충분히 영양분을 섭취하고 있는지 물어보고 싶었지만 예민한 부모로 보이기 싫어 의사에게 물어보지 못했습니다. 그런데 다음 날 병원에 간 그에게 의사는 아기가 탈수상태라고 했습니다. 바로 그들은 아기에게 분유를 주어야 했습니다.

두 번째는 쌍둥이 동생 이야기입니다. 동생은 다큐멘터리 영화 제작자였습니다. 한 배급사는 동생의 첫 작품에 대해 한 가지 제안을 했습니다. 하지만 그는 이를 듣고 협상 연구자인 형으로서 다른 제안을 제시해야 한다고 가르쳐주었습니다. 그의 제안은 완벽했지만 배급사는 불쾌해하며 없었던 일로 해버렸습니다.

그는 이 경험 들을 통해 '수용 가능한 행동범위'가 있다는 것을 알게 되었습니다. 우리는 때론 너무 강하게 말합니다. 두 번째 경우처럼요. 너무 약하기도 합니다. 첫 번째 경험처럼요.

그런데 두번째 사례에서 미루어 알 수 있듯이 우리가 수용 가능한 행동범위 안에 있다면 보상을 받을 수 있습니다. 하지만 그 범위를 벗어나면 불이익을 받는 것입니다. 그가 말하는 이 수용 가능한 행동범위는 우리가 흔히 이야기하는 "도가 지나쳤다"라는 말과 비슷합니다. 봐줄 수 있는 것과 없는 게 있는 것이죠.

행동범위를 넓히기 위한 방법

우리가 때론 강하고, 때론 약하다는 걸 파악하기 위해 알아야 할 것은 무엇일까요? 바로 자신의 범위입니다. 사실 자신의 범위라는 건 유동적이라 알기에 쉽지 않습니다. 이 범위를 정하는 건 권력입니다. 여러분이 가지고 있는 권력에 따라 범위가 결정되는 것입니다. 또한 권력은 대안의 여부에 따라 달라집니다.

다큐멘터리 영화 제작자였던 그의 동생은 대안이 없었습니다. 권력이 부족했습니다. 배급사는 어떤가요? 그 반대입니다. 여러 대안이 있습니다. 직장에서는 어떤가요? 상사와 부하직원이 있습니다. 상사는 힘이 있고, 부하직원은 권력이 없습니다.

즉 권력이 많으면 우리의 행동범위는 넓어지고, 적으면 행동범위는 좁아집니다. 재량이 거의 없는 것입니다. 문제는 행동범위가 좁아질 때 '저권력low-power의 딜레마'에 빠진다는 겁니다. 저권력인 사람은 자신 있게 말하지 않으면 관심을 받지 못하고,

자신 있게 말하다가는 자칫 벌을 받을 수 있습니다. 이런 저권력의 딜레마는 성별의 문제만은 아닙니다.

그러면 어떻게 행동범위를 넓혀야 할까요? 지난 20여 년에 걸쳐 그와 그의 동료는 2가지 사실을 발견했습니다. 하나는 자신의 눈에 자신이 권력이 있어 보이는 것이고, 다른 하나는 다른 사람들 눈에 자신이 권력이 있어 보이는 것입니다. 자신이 힘이 있다고 느끼면 두려워하지 않고 자신감을 가져 행동범위가 확대됩니다. 다른 사람들도 그렇게 보면 그 범위는 더 확대되죠.

그럼 이렇게 권력이 있어 보이기 위한 방법은 무엇일까요? 먼저 다른 사람들을 지지하는 것입니다. 다른 사람을 지지할 때 자신의 행동범위를 발견하고 마음속으로 이 범위를 넓힙니다. 좀 더 적극적으로 되는 것입니다. 그는 이를 '어미곰 효과the mama bear effect'라고 부릅니다. 어미곰이 새끼곰을 보호하는 것처럼 우리는 다른 사람을 지지할 때 자신의 목소리를 냅니다.

때론 자신을 지지할 때도 있습니다. 이럴 땐 어떻게 해야 할까요? 바로 '관점 취하기perspective-taking'가 필요한 시점입니다. 다른 사람의 관점에서 세상을 바라보는 것입니다. 만약 누군가가 여러분의 관점을 받아들여 여러분이 원하는 걸 생각하게 되면 여러분은 그 사람이 원하는 걸 줄 가능성이 높아집니다. 하지만 이런 태도를 취하기는 쉽지 않습니다. 사람들은 대부분 자신에게 집중하기 때문입니다.

자신 있게 말하기 위한 또 다른 방법

또 다른 방법은 바로 '융통성 보이기signal flexibility'입니다. 여러분이 자동차 영업사원이라면 구매자에게 2개의 옵션을 제시할 때 차가 더 잘 팔립니다. 만약 옵션이 없다면 어떨까요? 사람들은 고민을 할 것입니다. 아이들에게 옷을 입힐 때도 그렇습니다. 하나만 주면 싫다고 이야기합니다. 계속 하나씩만 주면 끝이 없죠. 그럴 때도 옵션을 주면 좋습니다.

그는 전 세계 사람들에게 어떨 때 자신 있게 말하는 게 편하냐고 물었습니다. 그 결과 사회적 지지나 자신의 편이 있을 때였습니다. 그렇다면 자기 편을 만들려면 무엇이 필요할까요? 바로 어미곰이 되는 것입니다. 당신이 다른 사람을 지지할 때 당신의 편을 얻을 수 있기 때문입니다.

특히 높은 위치에 있는 사람을 강력한 지지자로 만들기 위해서는 조언을 구하는 것이 필요합니다. 겸손하게 그들을 추켜세우면 당신을 좋아하게 될 것입니다. 이건 또 다른 딜레마를 해결하는 데 효과적입니다. 바로 '자기홍보self-promotion'의 딜레마입니다. 자기홍보의 딜레마는 자신의 성과를 알리지 않으면 관심을 받지 못하지만 알리면 비호감이 되는 것입니다. 하지만 우리가 성과에 대해 조언을 요청하면 상대방은 나를 유능하다고 느끼면서도 호감을 느낄 수 있습니다.

또한 우리가 자신 있게 주장하기 위해서는 전문성이 있어야 합니다. 전문성은 신뢰감을 줍니다.

전문가라는 인상을 주는 방법은 열정입니다. 사람들은 열정적인 모습을 보일 때 눈을 반짝이며 환한 미소를 지었습니다. 목소리도 높아지고, 말도 빨라졌습니다. 이런 열정은 용기를 북돋아주고, 자신 있게 말할 수 있도록 해줍니다.

원하는 걸 얻으려면 '내가' 아닌 '상대'를 보자

모든 관계에서의 핵심은 '나'입니다. 그런데 여러분이 누군가에게 무엇인가를 얻으려면 어떻게 해야 할까요? 혹은 나의 주장을 상대방이 받아들이게 하려면 어떻게 해야 할까요? 내가 생각하고 있는 것만 고려하면 될까요? 상대로부터 무언가를 얻으려면 상대방의 관점에서 생각하는 것이 필요합니다.

부모님에게 용돈을 추가로 받으려는 대학생이 무작정 어떤 것을 해야 하니 돈을 달라고 하면 부모님이 선뜻 돈을 줄까요? 사용하려는 돈에 어떤 가치가 있는지를 알려야 합니다. 즉 이 돈의 사용처가 부모님이 생각하기에 의미가 있어야 하는 거죠.

특히 상대가 우위에 있다면 더욱 그렇습니다. 그가 이야기한 수용 가능한 행동범위를 넓히기 위해서는 대부분 내가 아닌 '상대'의 관점이 필요합니다. 어미곰 효과, 관점 취하기, 융통성 보이기, 조언 구하기, 전문성 보여주기, 열정은 모두 상대가 나를 호의적으로 인식할 수 있게 합니다.

이제 여러분이 평소 사용하는 말과 행동에 대해 한번 생각해 보면 어떨까요? 과연 나는 상대방을 고려해 그런 말과 행동을 하고 있었을까요? 사람은 자기중심적입니다. 하지만 관계 속에서 우리는 자기중심을 탈피할 필요가 있습니다. 자신에 대한 관심도 좋지만 상대도 배려하는 것이 필요합니다.

강력한 주장을 펼치고 싶다면 현재 여러분의 위치를 객관적으로 봐야 합니다. 위치에 따라 어느 정도의 재량이 있는지 살펴봐야 하죠.

자신의 상황에 대한 판단이 섰다면 그때 애덤 갈린스키가 이야기한 방법들을 활용해 여러분의 재량을 넓혀야 합니다. 무작정 자신의 주장을 펴는 것은 상대를 기분 나쁘게 할 수 있습니다. 결국 계약이 파기된 그의 쌍둥이 동생 사례처럼 말입니다.

> "나는 내가 아픔을 느낄 만큼 사랑하면 아픔은 사라지고
> 더 큰 사랑만이 생겨난다는 역설을 발견했다."
> _ 마더 테레사(수녀)

신뢰를 형성하고 싶으면
3가지만 기억해

프랜시스 프레이

신뢰를 얻기란 너무나도 어렵습니다.

한번 깨진 신뢰는 더 회복하기 어렵기도 합니다.

다른 사람과 신뢰관계를 형성하고 싶다면

공감, 논리, 진정성을 꼭 기억하세요.

사람은 참 무섭습니다. 한 번 신뢰가 깨지면 어떤 말을 해도 그 사람을 신뢰하지 않게 됩니다. 또한 많은 사람들에게 이런 저런 일로 고통을 겪다 보면 사람을 믿지 않습니다. 사업하는 분들은 "아무도 안 믿어, 나밖에는"이라고 말하곤 합니다. 드라마에 시도 종종 CEO들이 "나는 누구도 믿지 않아"라고 말합니다. 가장 무서운 건 사람이라고 말하는 이유이기도 합니다.

사람은 사회적 동물이라고 하는데 불신이 커지면 사람은 외로운 동물로 변해버립니다. '사기' 관련 뉴스가 나올 때면 인간관계를 다시 한 번 생각해보곤 합니다. 인간관계에서 신뢰가 중요하다는 것은 누구나 알고 있습니다. 그런데 이런 신뢰를 구축하는 데 있어 필요한 것은 무엇이 있을까요?

신뢰를 구축하기 위해 필요한 것들

이번 테드 강연은 기업에서 신뢰를 어떻게 재구축했는지에 관한 내용입니다. 대상은 기업이지만 인간관계에서의 신뢰 구축과 크게 다르지 않습니다. 하버드비즈니스스쿨HBS의 프랜시스 프레이Frances Frei 교수는 우버Uber에서 전략 수석부사장으로 있으면서 경험한 신뢰에 대해 강연에서 이야기합니다.

일단 우리는 우버가 어떤 상황이었기에 그녀가 우버로 갔는지 알아야 합니다. 다음 기사〈연합뉴스(2017년 12월 19일)〉는 그녀가 2017년 우버로 갔을 때의 상황입니다.

'작년 12월까지 엔지니어로 일했던 수전 파울러가 지난 2월 우버 내 성희롱을 폭로했고 우버는 애초 이를 묵살하다가 논란이 커지자 내부조사를 거쳐 관련자 20여 명을 해고했다. 이 사건으로 우버의 창립자 트래비스 칼라닉Travis kalanick이 최고경영자(CEO) 자리에서 물러났다. 또 우버가 지난해 10월 전 세계 고객 5천만 명과 운전기사 700만 명의 개인정보가 유출되자 해커들에게 10만 달러(약 1억 1천만 원)를 건네고 1년간 쉬쉬한 사실이 지난 11월 21일 드러났다. 최근에는 우버가 경쟁사의 정보를 빼내기 위해 온갖 불법활동을 저질러왔다는 전직 우버 보안담당 직원의 폭로가 터져 나오고 있다.'

그녀는 우버가 대내외적 위기 상황이었을 때 250일 동안 우버에 있었습니다. 그리고 그는 우버에 있으면서 신뢰를 재구축하려면 무엇이 필요한지를 알아냈죠. 그녀의 강연은 바로 그때 알게 된 '신뢰 구축의 요소'에 관한 내용입니다.

그렇다면 신뢰를 재구축하기 위해 필요한 요소는 무엇일까요? 그녀는 다음의 3가지를 말합니다.

첫째, 진정성입니다. 진정성이 있다면 사람들은 좀더 여러분의 이야기에 귀를 기울입니다. 둘째, 논리입니다. 논리적으로 타당하다면 당연히 그 말을 믿고 신뢰하게 될 것입니다. 셋째, 공감입니다. 누군가에게 공감한다면 더 많이 신뢰하게 되지 않을까요? 진정성, 공감은 이미 앞의 강연에서도 많이 들어본 단어입니다.

공감, 논리, 진정성이 모두 작동해야 한다

그녀는 이 3가지가 모두 작동할 때 신뢰가 형성된다고 합니다. 하나라도 흔들리면 어떻게 될까요? 신뢰를 잃어버리게 됩니다.

가장 자주 흔들리는 것 중 하나는 바로 공감입니다. 사람들은 여러분이 자신을 위한다고 믿지 않습니다. 또한 우리가 너무 산만하다고 생각합니다.

우리는 시간에 쫓겨 삽니다. 누군가를 위해 공감할 시간과 여유가 없습니다. 우리에게 공감이 없다면 어떻게 될까요? 어쩌면 신뢰의 악순환에 빠질지 모릅니다. 공감할 시간이 없어 신뢰를 잃고 이로 인해 또 공감하지 못하는 상황이 됩니다.

이런 공감을 위해서는 나를 산만하게 만드는 시간, 장소, 대상의 확인이 필요합니다. 공감하지 못하게 하는 시간, 장소, 대상을 철저하게 추적해야 하는 거죠. 여러분 앞에 있는 사람의 의견과 관점에 몰두할 수 있는 계기를 찾아야 되는 것입니다. 특히 여러분을 가장 산만하게 만드는 스마트폰을 치워버려야 합니다. 스마트폰은 공감과 신뢰를 형성하는 데 있어 최대의 적입니다.

우버에서도 당시 회의 시간에 문자를 보내는 것이 흔했습니다. 그녀는 공감회복을 위해 이를 치워버렸죠. 상대방을 보며 대화하고 상대의 관점에 빠져 보게 하면서 자연스레 협력 관계를 형성해나갔습니다.

공감을 위해 특별한 환경을 조성하지는 않았습니다. 현재 사람들 간의 관계를 회복하려면 우버에서 그녀가 한 것처럼 스마트폰만 멀리해도 우리는 서로에 대해 더 잘 이해하고 공감할 수 있을 것입니다. 처음에는 어색하겠지만요.

그렇다면 논리는 어떻게 해야 할까요? 이는 2가지 측면에서 볼 수 있습니다. 하나는 논리의 질이고, 다른 하나는 논리적 소통 능력입니다. 이런 논리를 사람 간의 관계에서 본다면 어떤 의미가 있을까요? 어떤 사람이 말을 잘한다고 해서 그 사람을 신뢰할 수 있나요? 그렇지 않습니다. 말 자체가 모순없이 논리적이어야 합니다. 논리적 소통능력에 대해서도 볼까요?

세상과 소통하는 방식은 2가지가 있습니다. 하나는 장황하게 이야기를 늘어놓는 것입니다. 영화나 드라마에서 볼 수 있듯이 우여곡절 끝에 결론에 이르는 겁니다. 영화나 드라마는 마지막까지 결론이 어떻게 날지 모릅니다. 그런데 이런 방법은 중간 과정에서 논리가 흔들리면 굉장히 위험하겠죠?

다른 하나는 결론을 먼저 제시하는 겁니다. 반신반의하더라도 말입니다. 그러고 나서 이를 뒷받침하는 근거를 제시하는 것입니다. 이 방법은 중간에 말이 끊기기 전에 다른 사람들이 여러분의 멋진 아이디어를 미리 알 수 있게 합니다.

이 중에서 그녀가 강조하는 건 결론을 먼저 제시하고 후에 근거를 제시하는 방법입니다. 예를 들어 누군가가 잘못을 해 여러분에게 용서를 구하는데, 말을 빙빙 돌리며 해야할 말을 나중에 하면 어떤 느낌일까요? 그게 정말 사과라고 생각할까요? 그렇지 않을 겁니다. 이런 측면에서 그녀가 말한 '논리'를 생각해보면 여러분이 누군가에게 신뢰를 잃었을 때 어떻게 회복해야 하는지 알 수 있습니다.

우버는 급성장했습니다. 직원과 매니저들은 승진을 거듭했고, 그들이 경험해보지 못한 포지션에 배치되었습니다. 그러다 보니 자신의 역량을 벗어나기 시작했습니다. 그래서 그녀는 논리, 전략, 리더십과 관련된 대규모 임원 교육을 실시했습니다. 그 결과 논리가 엄격해지고, 소통의 방식도 앞서 보았듯이 결론을 먼저 제시하는 형태로 바뀌었습니다. 주저리주저리 하는 순간, 우리는 논리가 아니라 변명을 하게 될 수 있습니다.

마지막은 진정성입니다. 가장 어렵습니다. 사람들은 누가 진정성이 있는지 없는지 금방 알 수 있습니다. 그냥 솔직해져야 합니다. 여러분 주변사람들이 그렇다면 사실 이를 실천하는 건 어렵지 않습니다. 사람 간의 관계에서 수많은 스킬을 말해도 결국은 진정성이 답이죠. 우버에서는 여전히 진정성이 흔들리고 있지만 그건 보편적인 현상이라고 말합니다. 사실 진정성이라는게 쉽게 증명될 수 있는 것은 아니기 때문입니다.

나 자신부터 신뢰를 해보면 어떨까?

우리는 프랜시스 프레이의 신뢰 구축을 위한 3가지 요소인 공감, 논리, 진정성을 살펴봤습니다. 지금 누군가에게서 신뢰를 잃었다거나 다른 사람이 여러분에게 신뢰를 잃어버렸나요? 그렇다면 어떤 것이 문제였는지 공감, 논리, 진정성 측면에서 잘 생각해보길 바랍니다.

모든 인간관계에서 공감은 필수입니다. 공감 없이 관계는 오래 지속될 수 없습니다. 이런 공감을 통해 악어의 눈물이 아닌 진정성이 표출될 수 있습니다. 논리도 공감을 하기 위한 하나의 방법이라고 생각됩니다. 문제를 빙빙 돌려서 말하는 게 아니라 직접적으로 핵심을 이야기해 상대가 기분이 상하지 않도록 해야 하는 거죠.

가끔 자신에게도 잘못이 있다면서 1분이면 끝날 이야기를 빙빙 돌려 수십 분을 이야기하는 경우가 있습니다. 이러면 우리는 그 사람에게 신뢰감을 느낄 수가 없습니다.

이런 경우를 생각해보면 결국 '나부터 자신에 대해 신뢰를 하는 사람이 되어야 하지 않나'라는 생각이 듭니다. 그리고 누군가에 대한 신뢰를 잃었다고 해서 모든 사람을 그렇게 생각하지 않는 자세가 필요합니다. 스티븐 코비는 저서 『신뢰의 속도』에서 "다른 사람에게 잃은 신뢰를 되찾으려고 노력하거나 신뢰를 잃은 사람을 용서하고 진정한 신뢰를 보내는 과정에서 여러분의 성품과 역량이 성장한다"고 말합니다.

세상이 빠르게 변한다고 우리의 신뢰 또한 인스턴트식으로 변하는 것은 아닙니다. 신뢰는 인간성의 토대이기 때문입니다. 일단 나부터 진정성을 가지고 신뢰하는 사람이 되어보면 어떨까요? 여러분은 다른 사람에게 '나는 신뢰할 수 있는 사람이다'라는 메시지를 주고 있는지 생각해보면 어떨까요?

"작은 문제에서 진실에 부주의한 사람은
중요한 문제에서 신뢰받을 수 없다."
_ 알베르트 아인슈타인(과학자)

행복은 삶의 의미를 찾아가는 과정입니다.
목표달성이 꼭 행복을 보장해주지는 않습니다.
먼저 삶의 의미를 찾아보길 바랍니다.
내 인생의 '왜'와 '무엇'을요.

Chapter 4

비교하지 말고
의미를 찾으려 노력해봐

삶이 우울하다면
의미와 목적을 생각해봐

Johann Hari | TEDSummit 2019
This could be why you're depressed or anxious

요한 하리

요즘 우울하고 지치고 힘든가요?

괜스레 다른 사람들만 쳐다보고 있나요?

무기력에 빠지는 순간은 살다 보면 꼭 옵니다.

이 강연으로 내 삶의 목적과 의미를 찾아보세요.

결혼 후 한때 야근을 많이 한 적이 있습니다. 집에서 오전 6시 30분 정도에 나가서 밤 12시 정도에 들어오는 생활을 3개월 정도 했습니다. 집은 잠만 자는 곳이 되어버렸습니다. 지칠 대로 지쳐 있는 순간 '이런 생활이라면 결혼은 무슨 의미가 있지?' '이렇게 해서 돈을 많이 벌면 정말 좋은 거야?'라는 생각이 들었습니다.

무기력에 빠지는 순간이었습니다. 분명 어떤 일이 잘 풀리고 있음에도 문득 '그래서 이게 나에게 무슨 의미야?'라는 생각이 들었습니다. 물론 그런 의문은 아직도 해소되지는 않은 상태입니다. 그런데 이런 무기력은 우울증으로 변하기까지 합니다. 다행히 저는 병적인 수준까지는 발전되지 않았지만 이러한 느낌들은 삶을 고통스럽게 만듭니다.

삶을 고통스럽게 하는 우울증과 불안감

요즘처럼 빠른 변화의 삶 속에서 우울증은 이제 일상이 된 느낌입니다. 사람들은 점점 더 우울한 사회에서 우울한 자신을 돌보기 위해 피나는 노력을 하고 있습니다. 그러다 보니 과거와 달리 자신을 돌보기 위한 가치들이 중요해지고 있습니다.

요한 하리Johann Hari는 우울증에 걸려 심한 고통을 겪었던 사람입니다. 하지만 이제 우울증을 극복한 자신의 이야기를 통해 〈뉴욕타임즈〉가 선정한 베스트셀러 작가가 되었습니다. 우울증의 원인과 극복 방법에 대한 그의 테드 강연을 들어보죠.

그는 10대 때 자신을 통제할 수 없어서 의사를 찾았습니다. 하지만 의사는 너무 간단히 진단했습니다. "몇몇 사람들은 원래부터 머릿속에 화학적 불균형이 생기는데 약만 좀 먹으면 나아질 거야." 그는 약을 복용했고 조금 괜찮아졌습니다. 하지만 다시 원래대로 돌아갔고 13년 동안 약을 먹었습니다. 복용량도 최대치까지 이르렀죠.

그는 의사가 하라는 대로 다 했는데 왜 이런 일이 지속되는지 궁금했습니다. 이를 알기 위해 4만 마일이 넘는 긴 여행을 계획했습니다. 여행을 하면서 세계적인 전문가들을 만나 이 문제를 어떻게 해결할 수 있는지 알고 싶었습니다. 또한 다양한 방법으로 우울증과 불안감을 이겨낸 사람들을 만나고 싶었습니다.

그 결과 우울증과 불안감을 일으키는 9가지 요인이 있었습니다. 그중 생물학적 요인은 2가지밖에 되지 않았습니다. 나머지 요인은 무엇일까요? 그것은 바로 삶의 방식에 관한 것이었습니다. 여러분이 혼자 있다거나 일을 주도적으로 하지 못할 때, 여러분은 우울해질 가능성이 높습니다. 또한 자연을 거의 접하지 않아도 우울해질 수 있습니다.

항우울제보다 젖소 한 마리가 더 낫다

사람은 기본적으로 신체적 욕구뿐만 아니라 정서적 욕구를 가지고 있습니다. 그런데 정서적 욕구가 충족되지 않으면 어떻게 될까요? 사람들은 과거보다 더 좋은 환경에서 살고 있습니다. 하지만 자신이 가지고 있는 근본적인 욕구를 충족시키는 일에는 어려움을 겪고 있습니다.

그는 자신의 우울증이 단순히 뇌의 문제가 아니라고 생각했습니다. 그는 남아프리카 공화국의 정신과 의사 서머필드 Summerfield를 만난 적이 있다고 합니다. 서머필드는 2001년에 캄보디아에 있었고 그에게 우울증 치료제를 소개시켜주었습니다.

당시 캄보디아 의사들은 이 약에 대해 모르고 있었습니다. 서머필드는 캄보디아 의사들에게 이 약을 우울증 치료제로 쓰길 추천했습니다. 그런데 이게 어찌 된 일일까요? 이 좋은 약에 대해 설명했지만 캄보디아 의사들은 필요 없다고 했습니다. "우리는 그거 없어도 됩니다. 우리는 이미 가지고 있어요." 서머필드는 그게 무엇인지 물었고 캄보디아 의사들은 한 이야기를 들려주었습니다.

"한 농부가 있었습니다. 그 농부는 어느 날 지뢰를 밟아 다리를 잃었습니다. 의사들은 인공 다리를 달아주었고, 농부는 다시 일하러 갈 수 있었습니다. 하지만 그 농부는 인공 다리로 밭에서 일하는 게 너무 힘들어 하루종일 울었습니다. 침대에서 일어나는 것조차 싫었습니다.

캄보디아 의사들은 우울증 증상을 보이는 농부를 찾아가 그의 이야기를 들어주었습니다. 그리고 항우울제를 주었습니다. 농부의 심정을 충분히 이해했기 때문이죠.

의사들 중 한 명이 지역주민에게 말했습니다. '여러분도 알다시피 이 농부에게 젖소 한 마리를 사주면 그는 낙농업을 할 수 있을 겁니다. 그러면 이런 상태로 있지도 않고 논밭에 가서 일할 필요도 없을 겁니다.' 그러자 지역주민들은 그에게 젖소 한 마리를 사주었고, 2주 후 농부는 울지 않게 되었습니다. 한 달 후에는 우울증도 사라졌습니다."

캄보디아 의사들이 말한 우울증 치료제인 항우울제는 무엇이었을까요? 바로 젖소였습니다. 사실 우리는 우울증에 대해 당연하게 약을 처방할 것이라 생각하지만 그렇지 않았던 것입니다.

어떻게 우울증과 불안감을 극복해야 할까?

우울하거나 불안하다면 이는 당신이 단지 나약해서도, 정신이 이상해서도 아닙니다. 우린 부품이 고장난 기계가 아닙니다. 다만 우리에게 충족되지 못한 욕구가 있어 문제가 생깁니다.

캄보디아 의사들이 했던 것처럼, 우울증에 걸린 사람에게 필요한 말은 이것입니다. "당신과 함께하기 위해 우리가 여기 왔습니다. 우리는 함께 문제를 이해하고 해결할 수 있습니다."

이 말은 우울증이 스스로 극복해야 하는 문제가 아니라는 뜻입니다. 요한 하리가 말하고 싶은 건 화학적 불균형이 아닌 삶의 불균형입니다. 그는 2가지 원인과 2가지 해결책을 강연에서 이야기합니다.

하나는 외로움입니다. 한 조사에서는 미국인들의 39%가 누구하고도 가깝다고 생각하지 않는다고 합니다. 그는 시카고대학교 교수인 쿤 카시오포John Cacioppo와 함께 이 문제에 대해 오랜 시간 이야기했다고 합니다. 카시오포 교수는 2가지 질문을 했는데, 이 질문들은 요한 하리를 오랜 시간 생각하게 만들었습니다. '우리는 왜 존재하는가?' '왜 우리는 여기에 있고 살아 있는가?'

과거 우리 조상들은 집단을 이루며 협력하고 살았습니다. 하지만 지금은 어떤가요? 점점 집단은 해체되고 있습니다. 그는 이런 사회적 환경이 사람들의 기분을 최악으로 만들고 있어, 이를 벗어나야 한다고 그는 말합니다.

그가 만난 또 다른 의사 중 한 명은 런던의 빈곤한 지역에 사는 의사입니다. 그곳에는 극심한 우울증과 불안감을 가진 사람이 많습니다. 그 의사 또한 이런 환자들에게 항우울제로 치료를 해주었지만 근본적인 문제를 해결해주지는 못했습니다.

그래서 그 의사는 항우울제를 복용하는 것뿐만 아니라 환자들에게 동일한 증상을 가지고 있는 사람을 만나보라고 합니다. 환자들은 이를 통해 서로에게 관심을 갖고 의미 있는 무엇인가를 할 수 있는지 이야기합니다. 그리고 집단을 형성하죠.

이런 접근을 '사회적 처방'이라고 하는데 유럽에서 확산되고 있습니다. 그런데 사람들은 보통 우울해 하는 사람들에게 이렇게 말합니다. "있는 그대로의 너로 살아."

하지만 그는 자신이 그때 해야 할 말을 새로이 깨달았다고 합니다. "있는 그대로의 너로 살지 마, 우리로 살아. 우리 집단의 일부로." 즉 그가 말하고 싶은 건 이 문제를 해결함에 있어 집단이 중요하다는 것입니다. 다른 사람들과 다시 연결될 필요가 있다는 겁니다.

또 다른 원인으로 그는 물질주의를 지적합니다. 돈, 지위, 보여주기 등에 관한 것들이죠. 심리학자인 팀 카서Tim Kasser 교수는 30년 동안 이런 물질주의에 관해 연구를 했습니다.

카서 교수는 여러분이 무엇인가를 구매하고 과시를 해서 행복한 삶을 살 수 있다고 믿으면 믿을수록 더 우울하고 불안해질 수 있다고 합니다. 그러나 이런 신념에 더 이끌리기 쉽습니다. 그러면 평생 우리는 광고나 인스타그램 같은 것들에 둘러싸여 살게 되는 거죠.

누구나 아는 사실입니다. 하지만 바뀌지 않습니다. 요한 하리도 궁금했습니다. 그는 팀 카서 교수에게 물었습니다. 카서 교수는 "우리는 어떤 기계 속에 살고 있는데 이 기계는 삶의 중요한 것들을 경시하도록 설계되어 있다"고 말했습니다. 카서 교수 또한 이 기계를 어떻게 멈출 수 있을지 알고 싶었습니다.

팀 카서는 네이선 던건Nathan Dungan과 함께 10대 청소년과 성인들을 일정 기간 동안 서로 만나도록 했습니다. 이 모임의 목적 중 하나는 삶의 의미와 목적을 발견했던 순간을 떠올리게 하는 것이었습니다.

모임에 참여한 다양한 사람들은 많은 것들을 떠올렸습니다. 음악 연주, 글쓰기, 누군가를 돕는 것 등. 또 다른 목적은 서로에게 다음의 질문을 해보는 것이었습니다. "어떻게 삶의 더 많은 부분에서 이런 의미와 목적의 순간을 추구할 수 있을까?" 또 "어떻게 하면 불필요한 것들을 사서 SNS에 올리는 사람들에게 '부럽다'라고 하는 걸 줄일 수 있을까?"였습니다.

결과는 어땠을까요? 사람들에게 가치관을 물어봐주고 표현하고 행동하게 하는 것만으로도 사람들에게서 변화가 나타났습니다.

삶의 목적과 의미를 찾아 떠나는 여행

여러분의 삶의 목적과 의미는 무엇인가요? 사실 많은 사람들이 이에 대해서는 생각해보지 않습니다. 학창시절 때는 어찌되었든 높은 성적만 바라고, 대학에 들어가서는 취업만 생각하며, 취업 후에는 진급만 바라봅니다.

계속 무엇인가를 바라보고 가지만 정작 내가 왜 존재하는지, 무엇을 의미 있고 가치 있게 생각하는지 생각할 겨를이 없습니다. 그나마 중년 이후에 가서야 자신의 인생을 돌아보며 내가 사회적으로 어떤 의미를 가진 존재였는지 고민해봅니다.

요한 하리는 이런 '의미 없는 삶' 때문에 사람들이 우울증과 불안감에 빠진다고 말합니다. SNS 친구는 늘어나지만 정작 외로움은 사라지지 않습니다. 늘어나는 친구만큼 사람들에게 과시하려는 욕구는 커지기만 합니다. 점점 우리 내면의 욕구는 충족시키지 못하고 외면의 것만 충족시키고 있는 것입니다.

저 또한 작가로서 다양한 SNS 채널을 운영하고 있습니다. 하지만 이런 SNS 채널에서 벗어나 나를 표현할 수 있는 채널을 생각해보기도 합니다. 과거의 일기처럼 말이죠. 그리고 이런 일기 속의 나를 통해 나의 숨겨진 욕구를 충족시켜줄 수 있는 사람들과 만나며 '삶의 의미와 목적을 찾아볼까'라는 생각을 합니다.

『내가 누군지도 모른 채 마흔이 되었다』라는 제임스 홀리스

James Hollis의 책 제목처럼, 지금 우리가 우울증에 걸리는 것은 정작 자신을 제대로 알지 못했기 때문입니다. 제임스 홀리스는 이 책에서 말합니다. "우리를 삶으로, 우리의 본성으로 깊이 이끌어 아픔을 일으키는 것이 무엇인지를 찾아내야 합니다. 그 경험으로 우리는 새로이 변화할 수 있습니다."

요한 하리가 말한 것도 같은 맥락입니다. 현재 겪고 있는 고통은 단순히 기계처럼 고장난 부품을 제거하고 정상 부품으로 교체한다고 사라지지 않습니다. 그 기계가 돌아가는 원리를 알아야 하는 것입니다. 내 삶의 원동력은 무엇인지, 원동력은 나를 어디로 이끄는지에 대한 고민이 필요한 때입니다.

"인간은 살아 있기 위해 무언가에 대한 열망을 간직해야 한다."

_ 마거릿 딜런드(소설가이자 작가)

일단 의미를 찾아야
삶의 원동력이 생겨

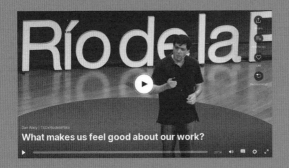

댄 애리얼리

허무해서 일에 대한 의욕을 상실해버렸나요?

매일매일 똑같은 삶에 지쳐 있나요?

하루하루 멘탈 붕괴의 나날인가요?

나를 의미 있는 존재로 만드는 법을 같이 찾아봐요.

한때 이런 생각을 한 적이 있습니다. 물론 지금도 생각합니다. '돈을 얼마나 벌면 행복할까?'

여러분은 돈이 얼마나 있으면 행복하다고 생각하나요? 많으면 많을수록? 몇 십억? 사람에 따라 다르겠죠. 그런데 중요한 사실은 우리는 살면서 어떤 가치나 의미를 추구한다는 것입니다. 돈이 있든 없든 똑같습니다.

돈만으로 세상이 돌아간다면 돈이 안 되는 일이나 취미는 이미 사라졌을 것입니다. 우리가 일을 하는 이유도 마찬가지입니다. 그저 돈을 벌기 위해 일하는 것이 아닙니다. 내가 삶에 있어 어떤 의미가 있는지가 더 중요합니다. 그럼 '의미'가 무엇인지 생각해보는 시간을 가져볼까요?

동기를 부여하는 건 무엇일까?

행동경제학자 댄 애리얼리Dan Ariely는 국내에서도 유명한 듀크 대학교 교수입니다. 『상식 밖의 경제학』 『댄 애리얼리의 부의 감각』 등이 국내에 출간되어 베스트셀러가 되기도 했습니다. 그는 테드 강연에서 '돈을 줘야 일을 한다'는 사람들의 기존 시각에 의문을 제기합니다.

등산을 가는 사람은 어떤가요? 왜 등산을 갈까요? 어차피 내려올게 뻔한데 말이죠. 그래서 등산을 좋아하지 않는 사람은 "내려올 건데 왜 올라가? 귀찮게"라고 말합니다. 설사 돈을 받지 않더라도 우리는 자신이 원하는 일에 대해서는 시간에 구애받지 않고 일합니다.

그는 사람들이 무엇에 동기부여가 되는지 알기 위해 몇 번의 실험을 했습니다. 첫 번째 실험은 간단합니다. 사람들에게 레고를 조립해보라는 것이었습니다. 몇몇 사람에게는 3달러를 주고 바이오니클Bionicle을 조립해보라고 했습니다. 완성되면 또 다른 것을 주어 다시 만들어보라고 했죠. 이번에는 2.7달러를 주면서요.

이런 식으로 사람들이 그만하자고 할 때까지 실험을 진행했습니다. 이런 상태를 '의미 있는 상태meaningful condition'라고 부릅니다. 실험이 끝날 때쯤엔 참가자들에게 다음 참가자들을 위해 사용할 것이라며 조립된 바이오니클을 모두 분해했습니다.

의미 있는 상태 vs. 시시포스 상태

의미 있는 상태와 상반되는 개념은 '시시포스 상태Sisyphic condition'입니다. 시시포스는 그리스신화에 나오는 코린토스의 왕입니다. 시시포스는 못된 짓을 많이 해 커다란 바위를 산꼭대기로 밀어올려야만 하는 고역을 되풀이했다고 합니다. 시시포스 상태는 말 그대로 무의미한 상황인 거죠.

두 번째 실험을 합니다. 첫 번째 실험과 마찬가지로 참가자에게 바이오니클을 조립하는 데 3달러를 주겠다고 했습니다. 그런데 첫 번째와 달리 조립을 한 후에 참가자가 보는 앞에서 바이오니클을 분해한 후 다시 조립할 건지 물어봤습니다. 다만 다시 조립할 시에는 3센트 적게 준다고 했습니다. 이런 식으로 조립, 분해의 과정을 반복했습니다. 이때 대부분의 참가자들은 시시포스 상태가 되었습니다. 첫 번째와 두 번째 실험의 참가자들 중 누가 더 많이 바이오니클을 조립했을까요? 결과는 11대 7로 첫 번째가 더 많이 했습니다. 작은 의미가 큰 차이를 만들어냈습니다.

또 다른 실험을 진행했습니다. 이번에는 사람들에게 조립은 시키지 않고 설문조사만 했습니다. 설문 내용은 조립을 계속 하게 하는 것과 한 번 조립한 것을 부순 후 다시 조립하게 하는 실험의 결과를 예측해보라는 것이었습니다. 설문에 참여한 이들은 대부분 전자가 유의미한 상태가 되고, 후자가 시시포스 상태가 될 것이라고 예상했습니다. 그러나 양자 간의 차이는 11대 10 정도로 미비할 것이라고 대답했습니다. 이 결과를 보면 사람들은 의미가 중요하다는 건 알고 있지만 얼마나 중요한지는 모르는 것 같습니다.

그는 레고에 대한 애정도와 바이오니클 개수 간의 상관관계에 대해서도 말합니다. 의미 있는 상태와 시시포스 상태에서 각각 어떤 관계가 있었을까요? 의미 있는 상태에서는 애정도와 개수 간에 상관관계가 있었습니다. 하지만 시시포스 상태에서는 상관관계가 전혀 없었습니다.

여러분들이 회사에서 열정을 가지고 신사업 보고서를 작성했다고 생각해봅시다. 몇 달간 심혈을 기울여 보고서를 작성했는데 팀장이 "미안한데, 이제 이 보고서는 필요 없게 됐어"라고 하면 어떨까요? 소위 '멘탈 붕괴'가 일어날 겁니다. 그리고 며칠간은 너무 허무해서 일에 대한 의욕을 상실하겠죠. 이처럼 시시포스 상태는 '의미'를 없애버립니다.

동기부여, 생각만큼 어렵지 않다

이번에도 실험 내용입니다. 그는 랜덤으로 글자가 적힌 종이 한 장을 가져가 사람들에게 글자 한쌍을 찾아달라고 했습니다. 사람들이 첫 번째 종이를 완료하면 다음에는 좀더 적은 돈을 받고 작업을 계속 할 수 있을지 물었습니다.

이 실험에는 3가지 조건이 있습니다. 첫 번째는 참가자가 종이 한 장에 자신의 이름을 적고 글자 한쌍을 찾아 실험 진행자에게 주었습니다. 진행자는 그걸 위 아래로 훑어보고 "으음" 하고 옆에 쌓아두었습니다. 두 번째는 참가자가 종이에 이름을 적지 않고 글자 한쌍을 찾아 진행자에게 주면 진행자들은 그걸 훑어보지도 않고 그냥 옆에 쌓아두었습니다. 세 번째는 참가자가 단어를 찾은 종이를 받은 다음 바로 파쇄기에 넣었습니다. 결과는 어땠을까요?

첫 번째 조건에서 사람들은 장당 15센트가 되어서야 실험을 그만두었습니다. 반면 세 번째 파쇄기 조건에서는 장당 30센트에서 실험을 중단했습니다. 두 번째 조건에서는 세 번째 실험결과와 거의 비슷하게 나왔습니다.

이 실험을 통해 알 수 있는 건 무엇일까요? 사람들은 자신들의 결과물이 사라지면 불행해한다는 겁니다. 무시되어도 그렇습니다. 사람들은 자신의 결과물에 대해 "어, 그래"라는 한 마디만 들어도 동기부여가 되었습니다.

종이접기와 관련된 실험도 진행했습니다. 종이접기를 한 사람들은 그 결과물에 대해 좋게 생각했습니다. 종이접기를 보기만 하는 사람보다 돈도 더 지불할 의향이 있었습니다. 그들은 모두 초보였고, 종이접기 결과물 또한 형편없었는데 말입니다.

효율성보다 의미에 집중하자

댄 애리얼리의 실험에 대한 내용을 보면 어떤 생각이 드나요? '의미'라는 게 일을 할 때 어떤 영향을 미친다고 생각하나요?

지금 우리가 살고 있는 세상에서 중요한 것은 효율성이 아닙니다. 효율성보다 의미가 더 중요하죠. 사실 우리는 지금 '의미'를 모르기 때문에 혼란스러워 하고 있는지도 모릅니다. 직장에서도, 집에서도 말이죠.

미래학자인 대니얼 핑크Daniel Pink는 미래 인재의 6가지 조건으로 디자인, 스토리, 조화, 공감, 유희, 의미를 이야기합니다. 여기서 의미는 삶을 살아가는 원동력을 말합니다. 대니얼 핑크는 저서 『새로운 미래가 온다』에서 빅터 프랭클Victor Frankl의 말을 인용합니다. "무엇으로 살 것인가의 문제는 해결되었지만 무엇을 위해 살 것인가는 해결되지 못했다. 삶의 수단은 있으나 삶의 목적은 없다."

우리의 삶은 과거보다 좋아졌습니다. 이런 상황에서 우리에게 필요한 건 결국 의미를 찾는 일입니다. 여러분에게 의미를 부여하는 것은 무엇인가요? 아마도 취미, 가족, 일 그 자체 등 다양할 것입니다.

테드 강연 중에 벨 페시Bel Pesce의 '당신의 꿈을 죽이는 5가지 방법5ways to kill your dreams'이 있습니다. 벨 페시는 꿈 그 자체에 매몰되지 말라고 합니다. 그녀가 말한 꿈이란 어떤 목표를 이야기 합니다. 목표만 중시하다 보면 효율성에 집중하게 되고, 효율성에만 집중하게 되면 삶의 의미를 상실하게 됩니다.

회사생활을 하다가 퇴직을 하면 삶의 의미를 상실하는 경우가 많습니다. 이는 일 그 자체를 삶의 수단으로만 생각했기 때문일지 모릅니다. '무엇으로 살 것인가'에만 집중한 거죠. 지금도 늦이 않았습니다. '의미'에 집중해보기 바랍니다.

댄 애리얼리 또한 동기와 관련해 금전적 측면뿐만 아니라 의미, 창조, 도전, 오너십, 정체성, 자부심 등 다양한 요소가 동기에 영향을 미친다고 말했습니다. 여러분의 감정과 마음관리에 있어 이런 요소들이 중요합니다. 자신의 마음을 가다듬는 핵심 축이기 때문이죠. 이것이 없다면 어떤 수단으로도 자신의 마음을 관리하기 어렵습니다.

"지금의 시대도 언제나 그렇듯 아주 훌륭한 시대입니다.
이 시대에 우리가 무엇을 해야 하는지만 알고 있다면."
_ 랠프 왈도 에머슨(사상가이자 시인)

성공이 무엇인지 생각해보고
달려가도 늦지 않아

알랭 드 보통

혹시 자신만의 성공 기준이 있나요?

아니면 남들과 같은 기준을 갖고 있나요?

성공은 자신의 가치에 따라 다릅니다.

너무나도 중요한 그 가치를 찾아 떠나봐요.

아기 이름을 짓다 보면 그 당시에 유행하는 이름들이 있습니다. 그래서 그해에 태어난 아이들의 이름이 비슷한 경우가 많습니다. 심지어 작명소에서도 그런 유행을 따라 이름을 만들어줍니다. 예를 들어 한때는 '서'가 많이 들어가는 이름이 유행이었죠. 그래서 아이 친구들 이름에 '서'가 많이 들어가 있어 부르기는 편해도 가끔씩 혼동하는 경우가 생깁니다.

이처럼 사람들은 '트렌드'를 중요시합니다. 그래서 "요즘 뜨는 게 뭐야?"라고 주변 사람들에게 묻거나 인스타그램 같은 SNS를 보며 사람들이 요즘에는 어떤 라이프 스타일을 즐기는지 살펴봅니다. 그러다 보니 어떤 일을 하든 자신만의 기준이 없는 경우도 발생합니다.

성공에 대해서도 마찬가지입니다. 어떤 직업이 뜨면 그 직업과 관련된 학과의 경쟁률이 높아지는 것처럼 말입니다.

여러분이 생각하는 성공이란 무엇인가요?

알랭 드 보통Alain de Botton은 너무나도 유명한 철학자이자 소설가입니다. 특히 우리나라에는 다수의 번역서가 있을 뿐만 아니라 영국 런던에 본점이 있는 인생학교의 서울 지점도 있습니다.

이번 테드 강연의 주제는 성공입니다. 결론부터 말하면 그는 우리 스스로 성공의 의미에 대해 알고 성공을 추구해야 한다고 말합니다. 여러분이 생각하는 성공은 어떤 것인가요? 돈을 많이 벌면 성공하는 건가요? 명성을 얻으면 성공하는 건가요? 어떤 것이 여러분이 생각하는 성공인가요?

알랭 드 보통은 자신도 성공에 관심이 많고 성공을 추구하지만 나이가 들면서 성공에 대해 좀더 깊이 생각해보게 되었다고 합니다. 그 결과 그는 사람들이 모든 것에 성공할 수 없다는 사실을 깨달았다고 합니다. 일과 삶의 균형이 쉽지 않다는 거죠. 왜냐하면 성공을 하려면 그에 따른 대가가 있기 마련이기 때문입니다. 결국 우리는 성공하지 못하는 부분도 있다는 걸 알아야 합니다.

이보다 더 중요한 건 우리는 성공을 자신의 생각이 아닌 다른 사람들의 생각에서 가져온다는 것입니다. TV, 광고, 마케팅 등 수많은 것들로부터요. 우리가 원하는 것이나 우리가 바라보는 관점에 영향을 미칩니다. 예를 들어 은행원이 좋다고 사람들이 말하면 우리는 은행에 들어가려 합니다. 그리고 은행원이 더 이상 좋은 직업이 아니면 다시 관심에서 멀어집니다.

성공을 하지 말라고 말하는 것이 아닙니다. 그것이 자신이 생각하는 성공이어야 한다는 것이죠. 자신이 원하는 것을 갖지 못하는 것도 좋지 않습니다. 하지만 그보다 더 안 좋은 것은 자신이 원하는 것이라 생각했는데 여정의 끝에서 그게 자신이 줄곧 원하던 게 아니란 사실을 깨닫는 것입니다.

속도보다 방향이 더 중요하다는 건 누구나 압니다. 여러분은 지금 어떤 방향으로 가고 있습니까? 그 방향은 정말 내 마음 속 깊숙이 생각하고 있던 것입니까? 지금 잠시 내가 생각하는 성공과 그 가치에 대해 고민해보는 것은 어떨까요?

나만의 성공 기준을 만들지 못하게 하는 것들

그는 성공에 대한 이야기를 하기 전 우리 사회에 대해 이야기를 했습니다. 그는 소설가인 동시에 철학자입니다. 이 강연의 제목에도 철학이란 말이 들어가 있습니다. 왜 우리가 스스로 성공이란 걸 정의할 수 없는지 살펴봅시다.

지금은 어느 때보다 살기 좋은 사회라고 말합니다. 하지만 많은 사람들은 자신의 커리어에 대해 고민하고 불안해합니다. 그 또한 일요일 저녁에 커리어 위기가 찾아온다고 합니다. 자신의 희망과 현실 사이의 차이 때문에 말이죠. 이런 커리어의 위기는 평정심을 잃게 만듭니다.

저 또한 주말 저녁에는 이런 커리어의 위기에 대해 고민합니다. '정말 이게 나의 길일까? 이걸로 내가 먹고사는 게 가능할까? 앞으로는 어떻게 해야 할까?'

그 또한 이런 고민을 했고, 이런 고통을 겪는 첫 번째 이유는 주변에 속물이 많아서라고 합니다. 자신이 거주하는 영국뿐만 아니라 전 세계적으로 속물근성이란 게 문제라는 겁니다. 속물근성을 보여주는 대표적인 질문 중 하나는 바로 이것입니다. "어떤 일을 하세요?"

이 질문에 어떻게 답하느냐에 따라 사람들은 상대방을 만난 걸 기뻐하거나 시계를 보며 미안하다는 말과 함께 사라지기도 합니다. 이런 속물근성 때문에 우리는 물질적인 것에 많은 관심을 가지게 되죠.

그러나 사람들은 사실 물질적인 것을 원하는 게 아니라 보상받기를 원한다고 그는 말합니다. 그래서 페라리를 몰고 가는 사람을 보면 '상처받기 쉽고 사랑이 필요한 사람이구나'라고 생각해야 합니다.

두 번째로 우리의 평정심을 무너뜨리는 것은 시기심입니다. 현대 사회의 가장 지배적인 감정 중 하나이기도 합니다. 이런 시기심은 나이, 배경이 같을수록 커집니다.

그래서 그는 우스갯소리로 동창회에 절대 나가면 안 된다고 합니다. 동창회만큼 강력한 비교 평가 기준이 없기 때문입니다. 영국의 여왕을 시기하는 사람은 없습니다. 오히려 비슷한 사람이 시기질투의 대상이 됩니다.

세 번째로는 성과주의를 이야기합니다. 그는 대형서점의 자기계발서 코너에 가끔 간다고 합니다. 이 코너의 서적들을 분류해 보면 크게 2가지로 구분된다고 합니다. 하나는 "너는 할 수 있어! 성공할 수 있어!"이고, 다른 하나는 '낮은 자존감'과 '자신에 대한 나쁜 감정'에 어떻게 대처해야 하는지를 말해주는 책들이었다고 합니다.

자기계발서들의 2가지 유형은 모두 그가 말한 '성과주의 meritocracy'와 관련이 있습니다. 이 성과주의는 긍정적이지만 반대로 낮은 자존감 같은 부작용이 발생할 수 있습니다. 재능과 열정을 가진 사람들은 이 성과주의 사회에서 위로 올라갈 수 있습니다. 반대로 말하면 밑바닥으로 갈 만한 사람들은 밑바닥으로 가게 되는 것입니다. 성과주의적 관점에서 현재 삶에서의 위치는 우연이 아닌 것입니다.

그런데 그는 이런 성공과 실패를 모두 개인적인 것으로 치부할 수 없다고 합니다. 왜냐하면 모든 사람에게 등급을 제대로 매기는 것이 불가능하기 때문입니다. 우연적인 요소가 많다는 것입니다. 그는 아우구스티누스Augustinus의 말을 인용합니다. "사람을 지위로 판단하는 것은 죄악이다."

명함으로 누군가를 판단하는 것도 죄악이 될 수 있다고 말합니다. 중요한 건 지위가 아닙니다. 사람 그 자체에 대해 성급한 판단을 하지 말라는 것입니다. 왜냐하면 사람의 진정한 가치를 알 수 없기 때문입니다. 사람들이 실패했을 때 두려워하는 이유 중 하나는 다른 사람들의 판단과 조롱 때문입니다.

신문에는 실패 사례들이 수없이 나오죠. 그리고 사람들은 신문 속에 나온 그 사람을 '루저'라고 합니다. 하지만 실패를 했다고 루저가 되는 것은 아닙니다.

나만의 가치에 기준해 성공을 정의하자

"우리는 사물 자체(사용가치)를 소비하지 않는다. 우리는 이상적인 기준으로 삼은 집단에 속하기 위해 혹은 자기가 속한 집단을 보다 우월한 집단과 구분하기 위해 사물을 차이의 기호로 조작한다."

기욤 에르네Guillaume Erner가 저서 『파리를 떠난 마카롱』에서 한 말입니다. 사람들은 남들과 차별화되기를 원하지만 위의 말처럼 어떤 집단에 속하기를 원합니다. 그러다 보니 알랭 드 보통이 말한 속물근성, 시기심, 성과주의 같은 것들이 자신만의 가치를 설정하는 데 부정적 영향을 미칩니다.

그의 강연은 철학적이고 깊이 고민해봐야 할 내용들이 많습니다. 오직 나에게만 집중할 필요가 있습니다. 나만의 가치가 없다면 성공은 나의 것이 아닌 다른 누군가의 만족을 주기 위한 것이 될 수밖에 없습니다.

돈, 명예, 권력. 사람들이 흔히 추구하는 이 3가지 외에 여러분들이 원하는 것은 무엇인가요? 자신의 취향이 점점 중요해져가는 사회에서 여러분만의 가치와 취향이 반영되지 않은 성공은 의미가 없습니다. 그게 없다면 삶의 끝자락에서 여러분은 진심으로 후회할지 모릅니다. 내가 왔던 길이 정말 내가 원하던 길이 아니었다고 말이죠.

세상은 계속 변하기 마련입니다. 과거에 각광받던 것이 현재와 미래에도 사람들이 원하는 것이 될 가능성은 높지 않습니다. 삶의 모든 책임은 자신에게 있습니다. 이런 삶을 꾸려나가는 것은 결국 자신이죠. 운전을 제대로 못한 것을 다른 사람의 탓으로 돌릴 수 없습니다.

여러분이 삶을 살아가는 데 있어 실패를 겪는다고 해서 꼭 그게 내 능력 탓만은 아닙니다. 요즘 일고 있는 양준일 신드롬은 재능뿐만 아니라 운도 따라야 한다는 것을 보여주는 대표적인 사례가 아닐까요?

　처음부터 자신이 원하는 대로 되면 가장 좋겠지만 그렇지 않다고 해서 스스로 '루저'라고 생각할 필요는 없습니다. 자신의 가치는 언젠가 인정받게 될 날이 올 것이기 때문입니다. 성공은 재능과 운의 결합이기 때문입니다. 그전에 자신만의 성공을 정의해보길 바랍니다.

　"네 뜻대로 아무것도 이루어지지 않는다는 걸 내가 알아.
　하지만 걱정하지 마.
　모든 것은 완벽하게 이루어지게 될 수밖에 없어!"
　_ 양준일(가수)

다른 사람들을 도우면
더 행복해질 수 있어

엘리자베스 던

혹시 자신만의 남다른 성공기준이 있나요?

아니면 남들과 같은 성공기준을 갖고 있나요?

성공은 자신의 가치에 따라 제각기 다릅니다.

이 테드 강의로 그 가치를 찾아 떠나봐요.

아이유, 션, 김장훈, 이 가수들의 공통점은 무엇일까요? 바로 '기부'입니다. 기부는 다른 사람뿐만 아니라 자신에게도 행복감을 줍니다. 하지만 기부는 쉬워 보여도 실행은 어렵습니다. 자신이 가지고 있는 걸 내놓는 게 쉬운 것이 아니기 때문입니다.

저는 한 자선단체에 10년 넘게 기부를 했었습니다. 그런데 몇 년 전에 그만두었습니다. 얼마 안 되는 기부금이지만 이런 자선단체들의 기부금 관리가 투명하지 못하다는 조사결과 때문이었습니다.

그리고 10년 넘게 기부를 했지만 기부를 통해 행복감을 느끼지 못해서기도 합니다. 1년에 한두 번 정도 '해외에 있는 아이들이 이렇게 잘 자라고 있다'라는 편지가 오지만 개인적으로는 그리 와닿지 않았습니다. 어쩌면 자동이체를 통해 기부금을 납부하고 있는 사람들도 저와 같은 생각을 가지고 있을지도 모릅니다.

기부는 행복감을 높인다

그런데 이와 같은 저의 감정에 대해 엘리자베스 던Elizabeth Dunn은 테드 강연에서 왜 그러한 생각이 들었는지를 말해줍니다. 그녀는 행복을 연구하는 학자입니다. 그녀는 기부 활동이 어떻게 이루어져야 행복해질 수 있는지를 제시합니다. 그럼 우리가 어떻게 다른 사람을 도와야 좀더 행복해질 수 있는지 알아볼까요?

그녀는 사람을 행복하게 하는 게 무엇인지 연구하고 있습니다. 요즘같이 우울한 사회에서 그녀의 연구는 의미가 있습니다. 그녀는 연구를 통해 우리가 행복할 수 있는 하나의 방법을 알아냈습니다. 연구 초기에는 〈사이언스〉 지에 '타인을 위해 돈을 쓰면 더 행복해진다'라는 논문을 발표하기도 했죠.

그런데 한 가지 문제가 있었습니다. 자신은 그렇지 않았던 것입니다. 저의 경우처럼요. 그녀는 자선단체에 기부한 적이 거의 없기도 했지만 기부를 했을 때도 따뜻한 느낌을 받지 못했습니다. 하지만 이에 대해 연구를 거듭한 결과 후속 연구에서도 아이들조차 남을 도우면 행복감을 느끼는 것으로 나타났습니다.

그녀는 동료와 2세 미만의 아이들을 대상으로 실험을 했습니다. 금붕어 과자를 주며 아이들에게 맛보게 하고 몽키라는 인형에게 나눠줄 기회도 주었습니다. 그리고 참여연구원에게 아이의 반응을 확인하라고 했죠.

그 결과는 어땠을까요? 아이들은 금붕어 과자를 받았을 때 행복을 느꼈습니다. 하지만 자신이 가진 금붕어 과자를 다른 사람에게 주었을 때 더 큰 행복을 느꼈습니다.

이런 기부의 따스함은 성인이 될 때까지 지속됩니다. 그녀가 전 세계 20만 명 이상의 성인을 대상으로 조사한 결과, 3분의 1은 살면서 조금이라도 기부를 한 것으로 나타났습니다. 기부를 한 사람은 기부하지 않은 사람보다 행복한 것으로 조사되었죠. 개인의 금전적 상황과는 상관없습니다. 더욱이 기부가 소득이 거의 2배로 늘어날 때와 같은 행복감을 주었다고 하니 기부의 위력은 참 대단합니다.

기부를 통한 감정적 보상이 중요하다

그녀도 자신의 연구결과를 실천하고 싶었습니다. 그리고 당시 시리아 난민 사태를 보면서 기부를 하기로 결심했습니다. 단순히 돈만 기부하는 게 아닌 의미 있는 도움을 주고 싶었습니다. 그녀는 '그룹 오브 파이브Group of Five'라는 난민 후원 프로그램을 알게 되었습니다. 이 프로그램은 자신의 거주 지역에서 1년간

5명이 팀을 이루어 난민 가족을 부양하는 것입니다.

하지만 그녀는 단체에 속하지 않고 개별적으로 난민 가족을 부양하고 싶어서 한 지역단체와 제휴해 25명으로 구성된 조직을 만들었습니다. 2년 후 아들 넷, 딸 하나가 있는 새로운 난민 가족을 맞이하게 되었죠.

이들을 위해 집을 찾고, 평일 저녁과 주말에는 집에 페인트칠과 청소를 하고 가구도 조립했습니다. 이 프로그램을 통해 이 가족의 어머니는 캐나다에 먼저 와 있던 자매와 15년 만에 만나는 감격을 느낄 수 있었습니다.

여러분은 560만 명의 난민들이 시리아에서 탈출했다는 소식을 들으면 어떤 느낌이 드나요? 그녀는 이런 사실 자체는 너무 추상적이라고 합니다. 인간의 뇌는 이걸 이해할 수 있도록 진화하지도 않았죠. 뉴스를 통해 듣는 이런 소식들이 사실은 생각보다 마음에 와닿지 않다는 걸 그녀는 말하고 싶었습니다. 그녀는 만약 자신이 한 달에 15시간씩 난민을 위해 봉사해달라고 했다면 거절했을 것이라고 말합니다.

하지만 이 난민 가족을 밴쿠버의 새집으로 데려간 후에는 생각이 바뀌었습니다. 그들의 행복을 위해 모든 것을 다해야겠다고 다짐하게 된 것입니다 .이 경험은 그녀가 자신의 연구에 대해 좀더 깊이 생각할 기회를 주었습니다.

그녀는 사람들이 자신이 돕고 있는 사람과 진정한 유대감을 느낄 때나 그들의 삶에 있어 변화를 볼 때 기부의 의미를 느낀다는 것을 알게 되었습니다. 그녀는 유니세프나 스프레드더넷 Spread the Net 중 하나에 기부할 기회를 주는 실험을 진행했습니다. 두 단체 모두 아이들의 건강을 증진시키는 목표를 가지고 있습니다. 유니세프가 너무 큰 단체이다 보니 기부자 개인의 작은 기부가 어떻게 변화를 가져오는지 알기 어렵습니다. 반대로 스프레드더넷은 기부자들에게 10달러 기부할 때마다 아이들을 말라리아로부터 보호할 수 있는 침대 모기장 한 개를 제공하겠다는 구체적인 약속을 합니다.

이 실험결과 사람들은 스프레드더넷에 기부할수록 더 행복을 느낀다는 것을 그녀는 알았습니다. 반대로 유니세프는 기부를 통한 감정적 보상이 완전히 없었습니다. 이 실험결과는 제가 10년 동안 자선단체에 기부했을 때의 느낌과 비슷한 것 같습니다.

유대감이 행복감을 높여준다

그녀는 시리아 난민을 진짜 가족처럼 여기며 생활하고 있습니다. 진짜 사촌들에 대해 이야기할 때처럼 그들에 대해 이야기하죠. 이런 개인 간의 의미 있는 연결은 힘들어보이던 어려운 과제를 해결할 기회를 줍니다.

그녀가 거주하고 있는 지역에서 조금 떨어진 곳에는 캐나다에서 가장 가난한 지역이 있습니다. 이곳에는 친구 에반이 충분한 음식Plenty of Plates이라는 프로그램을 운영하고 있습니다. 어려운 사람들에게 무료식사를 제공하는데, 이것이 목표는 아닙니다. 살면서 한 번도 보지 못했을 사람들과의 연결고리를 만들어주는 것이 그들의 진정한 목표입니다. 자원봉사자들은 사람들과 교류하며 어려운 사람들의 이야기를 들을 수 있습니다. 이런 경험은 사람들이 이 동네를 피하지 않고 사람들과 눈을 마주치거나 미소를 짓게 만듭니다.

우리는 기부를 통해 기쁨을 찾을 수 있습니다. 하지만 돈을 쓴다고 행복감이 저절로 높아지는 것은 아닙니다. 그보다 우리가 기부를 어떻게 하느냐가 중요합니다. 앞에서 봤듯이 사람들과의 연결을 통해서 말이죠. 펜, 달력과 같은 기부에 대한 보상이 중요한 것도 아닙니다. 사람들에게 자신들이 돕고 있는 사람과 직접 관계를 가질 수 있도록 해주는 게 중요합니다.

이제는 기부를 도덕적 의무가 아닌 기쁨의 원천으로 생각해봐야 합니다. 사람은 다른 사람을 도우며 즐거움을 찾으니까요.

의미 있는 연결이 새로운 기회를 만든다

'헬퍼스 하이Helper's High'라는 말을 들어본 적이 있나요? 미국의 내과의사인 앨런 룩스Allan Luks가 『선행의 치유력』이라는 책에서 처음 사용한 용어로 '누군가를 도와주면 기분이 좋아진다' 는 의미입니다. 그뿐 아니라 스트레스가 줄어들고 건강도 좋아 진다고 합니다.

엘리자베스 던은 "단순 기부 행위 자체도 좋지만 우리가 더 큰 행복감을 느끼기 위해서는 사람들과 만나야 된다"고 말했습니다. 이런 측면에서 실제 사람을 만나는 자원봉사 활동은 금전적 기부보다 여러분들을 더 행복하게 만듭니다. 저도 어쩌면 금전적 기부만 하다 보니 기부의 본질을 보지 못한 것 같습니다. 도와주는 사람을 잠시 보기라도 했다면, 기부를 더 했을지도 모르겠습니다.

사실 우리는 살면서 삶의 한 면만을 보고 살아갑니다. 좋은 것, 예쁜 것, 보고 싶은 것만 보고 살아가죠. 부정적인 것은 나와 상관없다고 치부해버립니다. 어려운 사람이 힘들게 살아가는 것은 뉴스에서나 볼 뿐입니다. 그 사람들과 말할 기회도 없습니다. 그녀가 말한 캐나나 빈빈가처럼요.

단순히 보는 행위는 그녀도 느꼈듯이 머릿속에서만 맴돌 뿐 가슴을 뛰게 하지 않습니다. 심리학 책을 보고 사람의 마음을 이해했다고 해서 실제 아픈 사람의 마음을 다 알지는 못하는 것처럼 말입니다.

이미 다른 사람을 도와주는 것이 얼마나 좋은지는 알려져 있습니다. 어쩌면 이런 도움은 자신에게 더 좋은 것일지 모릅니다.

티베트어에는 '체와'라는 자비심이라는 뜻을 가진 말이 있습니다. 이 말에는 '자기 자신을 이롭게 한다'는 뜻도 들어 있다고 합니다. 결국 도움을 주는 행동은 나를 이롭게 하고, 더 나아가 다른 사람을 이롭게 하는 것입니다.

베푸는 마음이 쌓이다 보면 나도 행복해지고, 더 건강하게 오래 살 수 있고, 더 많은 사람들을 도와줄 수 있습니다. 흔히 말하는 선순환입니다. 어쩌면 기부를 하고 자원봉사 활동을 하는 사람들이 한 번에 그치는 게 아니라 계속 이어가는 것은 이런 선순환을 알고 있기 때문일지 모릅니다.

> "우리는 받아서 삶을 꾸려 나가고,
> 주면서 인생을 꾸며 나간다."
> _ 윈스턴 처칠(정치가)

비교만 하다 보면
잘못된 결정을 할 수 있어

Why we make bad decisions

대니얼 길버트

주변 사람들의 삶이, 자질이 부럽나요?

그런데 비교하다 보면 나보다 못난 사람은 없어요.

다른 사람들과의 비교가 오히려 자신을 해쳐요.

당당하게 살기 위한 올바른 방법을 같이 찾아봐요.

'내가 정말 원하는 것은 무엇일까?' 이런 생각을 해본 적이 있습니다. 예를 들어 자산이 3억이면 만족할까? 만족하지 못한다면 5억이면, 더 나아가 10억이면? 아마도 이 숫자가 올라가더라도 만족하지 못할 가능성이 큽니다. 왜냐하면 그 비교기준을 돈이 더 많은 사람들과 할 가능성이 높기 때문입니다.

우리는 '비교' 때문에 때론 잘못된 의사결정을 합니다. 그래서 '나는 정말 어떤 상황을 얼마나 객관적으로 분석해서 올바른 결정을 하고 있을까'라는 생각을 합니다.

대부분의 사람이 자신의 결정이 옳다고 생각합니다. 하지만 일상에서 이미 많은 오류를 범하고 있습니다. 이번 테드 강연은 우리가 의사결정을 할 때, 왜 자꾸 나쁜 결정을 하는지에 대한 내용입니다. 특히 비교가 어떻게 의사결정에 부정적 영향을 미치는지 생각해보면 좋을 것 같습니다.

왜 올바른 결정을 할 수 없을까?

대니얼 길버트Daniel Gilbert는 하버드대학교 심리학자입니다. 그는 행복 전문가이기도 합니다. 그는 테드 강연을 통해 여러분이 올바른 결정을 할 수 있는 방법을 알려주겠다고 말합니다. 그 방법은 바로 1738년 스위스의 대니얼 베르누이Daniel Bernoulli라는 인물이 이야기한 것입니다.

베르누이는 강연에서 '기대치=획득 확률×획득 가치'라는 공식을 제시했습니다. 즉 우리가 어떤 의사결정을 할 때에는 이 확률과 가치를 곱하면 올바른 결정을 할 수 있습니다.

문제는 실제 생활에서 우리가 이렇게 하지 못한다는 것입니다. 획득 확률과 관련해 성공 가능성의 예측과 가치측정상의 오류 때문입니다. 예를 들어볼까요? 네 글자로 된 영어 단어 중 'R'이 세 번째 자리에 들어가 있는 단어가 많을까요? 아니면 첫 번째 자리에 있는 단어가 많을까요? 여러분은 어떤 것이 많다고 생각하나요?

우리는 대부분 첫 번째 자리가 많다고 생각합니다. 왜냐하면 세 번째 자리에 있는 단어는 잘 생각나지 않기 때문입니다. 우리의 뇌는 그렇게 사고합니다. 하지만 사실은 세 번째 자리에 있는 단어가 많습니다. 우리가 베르누이의 공식처럼 성공 가능성을 예측할 수 있으면 좋겠지만 사실 그렇지 못합니다.

또 다른 예를 볼까요? 사람들에게 토네이도, 불꽃놀이, 천식, 익사로 인해 사람들이 얼마나 사망하는지 추정해보라고 했습니다. 결과는 어땠을까요? 그 결과를 분석하니 추정치는 익사, 토네이도, 천식, 불꽃놀이 순으로 높았습니다. 그런데 실제 결과는 어떨까요? 익사, 천식, 토네이도, 불꽃놀이죠.

왜 이런 일이 발생하는 걸까요? 천식 같은 경우 너무 빈번해서 뉴스에 나오지 않습니다. 반면 토네이도는 한번 발생하면 폐허가 된 도시의 모습이 뉴스 화면을 가득 채웁니다.

비교하다 보면 더 나쁜 결정을 한다

우리는 이처럼 잘못된 예측들을 많이 합니다. 나쁜 결정이 발생할 수밖에 없는 것입니다. 이번에는 베르누이의 공식에서 봤던 획득 가치에 대해 이야기해보죠. 가치추정은 더 오류가 날 확률이 높습니다.

만약 빅맥 버거가 25달러라고 하면 여러분은 구매할 건가요? 아마도 너무 비싸서 구매하지 않을 겁니다. 25달러로 다른 것을 하는 게 더 낫다고 판단할 것이니까요. 그런데 16시간을 가는 장거리 비행기 안에 있다고 생각해보죠. 어떤 음식도 제공되지 않는 상황입니다. 그런데 누군가 빅맥 버거를 먹으려고 꺼내 비행기 안에 냄새가 풍기고 있습니다. 이때 여러분은 그 빅맥 버거를 25달러에 구매할까요? 구매할 가능성이 높아지겠죠. 비행기 안에선 25달러로 할 수 있는 게 없으니까요.

이번에는 개발도상국을 방문 중인데 25달러로 푸짐한 식사를 할 수 있다면 어떨까요? 아마도 상황을 다 설명하기도 전에 25달러가 너무 비싸다고 생각했을 겁니다. 지금까지 내던 빅맥 가격과 비교를 했으니까요. 이 돈으로 할 수 있는 다른 것은 무엇이 있는지 생각하기보다는 과거 경험과 비교를 한 것입니다. 이것이 바로 사람들이 하는 체계적인 실수입니다.

또 다른 예를 보죠. 2천 달러짜리 하와이 여행상품이 있습니다. 지금 할인해서 1,600달러입니다. 이 상품을 구매할 건가요? 많은 사람들이 구매할 겁니다. 그러면 이런 상황을 생각해보죠. 2천 달러 하와이 여행상품이 할인가로 700달러에 나온 적이 있습니다. 그런데 고민하는 사이 다 팔려 1,500달러 상품밖에 남지 않았습니다. 이런 경우 여러분은 구매할 건가요? 대부분 구매하지 않을 것입니다. 700달러 상품을 이미 봤으니까요.

우리는 과거와 비교하다가 좋은 기회를 놓칩니다. 사실 1,500달러 상품도 1,600달러 상품보다 100달러나 싼 건데 말입니다. 이런 비교는 나쁜 결정을 하게 만드는 원인이 됩니다.

좀더 익숙한 사례를 들어보겠습니다. 만약 여러분이 와인 매장에 가서 와인 한 병을 사려고 합니다. 8달러, 27달러, 33달러 와인이 있다면 어떤 걸 구매할 건가요? 대부분 중간 가격인 27 달러 와인을 구매합니다. 그래서 장사를 잘하는 사람들은 일부러 매우 비싼 와인을 가져다놓습니다. 그러면 어떻게 될까요? 33달러 와인도 그리 비싼 와인처럼 여겨지지 않습니다.

비교행위는 물건의 가치를 바꿉니다. 우리의 결정을 일관성 없게 만들죠. 시간이라는 요소가 들어가면 더 복잡해집니다. 예를 들어 여러분이 오늘 60달러를 받거나 한 달 후에 60달러를 받을 수 있다면 언제 받을 건가요? 당연히 지금 받는다고 할 것입니다. 그런데 지금 받으면 50달러, 한 달 후면 60달러라고 하면 어떨까요? 이번에는 한 달 후라고 대답할 겁니다. 그런데 이 시간을 더 늘려 1년 후에 50달러, 13개월 후에 60달러라고 하면 어떨까요? 이때는 12개월을 기다릴 바에야 차라리 13개월 기다려서 60달러를 받겠다고 대답할 겁니다.

더 이상 비교하지 말고 자신에게 집중하자

대니얼 길버트는 의사결정에 있어 발생하는 오류에 대해 이야기했습니다. 이 오류를 여러분 자신에게 적용해보면 어떤 의미가 있을까요?

우리는 자신을 타인과 비교합니다. 그렇게 비교하다 보면 끝없는 블랙홀에 빠질 가능성이 높습니다. 여러분이 피라미드의 꼭대기에 있는 사람이 아니라면 말이죠.

휠체어에 앉아 있는 사람은 걷는 사람을 부러워합니다. 걷는 사람은 자전거 타는 사람을 부러워하죠. 자전거를 탄 사람은 자동차 탄 사람을 부러워합니다. 자동차를 탄 사람은 외제차 탄 사람을 부러워하죠. 외제차를 탄 사람은 국내 몇 대 안 되는 명품차 탄 사람을 부러워합니다.

이렇게 계속 비교를 하다 보면 어떻게 될까요? 결국 자신의 처지를 비관하고 우울증에 걸리지 않을까요?

올바른 의사결정을 하려면 비교하지 않아야 합니다. 비교를 하다가 자칫 더 나쁜 결정을 할 수 있습니다. 세상은 각 개인이 각자의 기준을 가지고 사는 곳입니다. 그 기준이 없다면 우리는 누군가의 말에 크게 휘둘리기 시작합니다.

성공 가능성도 마찬가지입니다. 베르누이의 공식에 나온 획득확률 또한 우리는 자주 오류에 빠집니다. 여러분 스스로 그런 오류에 빠져 자신의 성공 가능성을 낮출 필요는 없습니다. 여러분 자신에게만 집중하다 보면 행복도 따라오게 되어 있습니다.

세상에 비교할 것은 수도 없이 많습니다. 하지만 비교대상이 아닌 것은 여러분 자신밖에 없습니다. 이런 생각을 가지고 일상을 즐긴다면 어떨까요? 사람들이 지금까지 오류에 빠져 잘못된 결정을 했어도 인류는 계속 발전해왔습니다. 여러분도 조금씩 성장할 것입니다.

"우리를 망치는 것은 다른 사람의 눈이다.
만약 나를 제외한 다른 사람이 모두 장님이라면
나는 굳이 고래등 같은 번쩍이는 가구를
원할 필요도 없을 것이다."
_ 벤저민 프랭클린(정치가이자 과학자)

우리는 매일 성장합니다. 성장하지 않는 사람은 없습니다.
성공도 실패도 모두 성장을 위한 발걸음입니다.
'성공은 전진, 실패는 후퇴'인 것이 아닙니다.
그러니 두려워 말고 자신을 믿고 나아가보세요.

Chapter 5

너는 항상
성장하고 있으니 두려워하지 마

무엇이 두려운지 생각해
목표는 그 다음이야

팀 페리스

매년 1월이 되면 목표만 설정하죠.

사실 실행을 막는 두려움이 문제인데도요.

두려움이라는 괴물에 미리 굴복하지 않아야 합니다.

이제 두려움을 없애는 방법부터 생각해볼 때입니다.

분명 저건 내가 잘할 수 있는 일이라 생각하는데, 막상 시도를 하지 못하는 경우가 있습니다. 그때는 사실 어떤 성공의 비법이 필요하지 않습니다.

내가 실행을 하지 못하게 하는 것이 무엇인지를 찾는 게 우선입니다. 스포츠 선수들이 슬럼프에 빠질 때처럼 우리가 무언가를 실행하지 못할 때는 성공의 비결이 아닌 나를 두렵게 하는 것들이 무엇인지 찾는 게 필요합니다.

테드에는 성공을 위한 비법을 제시하는 강연이 많이 있습니다. 하지만 이번 강연은 그런 비법을 알려주지는 않습니다. 대신 여러분이 슬럼프에 빠졌을 때 어떻게 극복할지를 알려줍니다.

스토아학파에서 새로운 기회를 찾다

팀 페리스Tim Ferriss는 미국의 경제 전문 매체 〈패스트 컴퍼니 Fast Company〉가 선정한 가장 혁신적인 비즈니스맨으로 선정된 인물입니다. 그는 우버, 페이스북, 알리바바 같은 우리가 잘 알고 있는 초기 스타트업의 투자자입니다.

그는 대학 시절 자살하려 했던 경험 때문에 감정기복을 관리하려는 노력을 많이 했습니다. 일반 사람들이 보통 우울증에 빠진 횟수가 6~10번 정도라면, 그는 50번 이상 우울증을 경험했습니다. 게다가 가족력으로 조울증도 있었습니다.

그래서 그는 강연에서 성공비결을 이야기하지 않습니다. 대신 스스로 파괴적인 행동을 하거나 몸을 움직일 수 없었던 상황을 벗어나는 방법에 대해 말합니다. 그 방법이란 감정의 자유낙하를 막는 방법으로 그가 사업에서 최고의 결정을 내리는 데 도움을 주었습니다. 그것은 바로 스토아학파의 극기주의Stoicism입니다. 이는 인내를 가지고 불행을 견디며 극복하는 것입니다.

스토아학파는 그리스로마 철학의 한 학파로 '불행은 결코 우리의 행복을 감소시킬 수 없다'는 사상을 가지고 있습니다. 그래서 우리는 스토아학파의 철학을 '불행을 이기는 철학'이라고도 합니다.

토머스 제퍼슨Thomas Jefferson, 존 애덤스John Adams, 조지 워싱

턴George Washington 같은 인물들은 스토아학파의 이런 극기주의를 배웠죠. 특히 조지 워싱턴은 극기를 주제로 한 비극 『카토』를 부하직원들에게 보여주며 사기를 북돋기도 했습니다.

미국의 미식축구리그NFL 역사상 최강의 기록을 보유한 뉴잉글랜드 패트리어츠의 감독 빌 벨리칙Bill Belichick도 마찬가지죠. 벨리칙 감독은 아홉 차례나 미국 프로미식축구 챔피언 결정전인 슈퍼볼에 올랐고, 2002년, 2004년, 2005년, 2015년, 2017년, 2019년 등 총 여섯 차례나 정상에 올랐습니다. 벨리칙은 포스트시즌을 포함해 통산 300승을 완성했습니다. "우리 팀에 위대한 스타는 없다. 위대한 선수만 있을 뿐이다"라는 벨리칙의 말은 매우 유명합니다.

그렇다면 사람들은 왜 고대철학에 관심을 가졌던 걸까요? 극기주의는 학문적이기 때문에 조금 다른 관점에서 생각해보면 어떨까요? 스트레스가 많은 환경을 극복하고 더 나은 결정을 위한 운영체제로요.

극기주의에서 우리가 배울 건 통제할 수 있는 것과 통제할 수 없는 것을 구분해 통제 가능한 것에만 집중하는 연습이 필요하다는 것입니다. 이를 통해 우리는 감정반응을 억제해 슈퍼파워를 발휘할 수 있습니다.

그런데 이렇게 하지 않으면 어떻게 될까요? 여러분이 운동경기를 하는데, 패스를 실수했습니다. 그런데 이때 화를 내면 경기에 질 수도 있습니다. 또한 CEO로서 직원의 실수에 대해 불같이 화를 내면 그 직원은 퇴사할 수도 있습니다.

이런 상황을 벗어나는 것이 필요합니다. 그는 이런 상황을 어떻게 벗어났는지 자신의 경험과 방법을 이야기합니다.

그에게는 이와 관련해 2가지 사건이 계기가 되었습니다. 첫 번째 사건은 친구가 젊은 나이에 췌장암으로 세상을 떠난 것입니다. 또 다른 사건은 결혼을 생각했던 여자친구가 떠난 것입니다. 14시간 넘게 일하던 그에게 여자친구는 "근무시간은 5시까지입니다"라는 액자를 주고 떠났다고 합니다. 이 사건으로 그는 당시 각성제와 진정제를 먹어가며 일했다고 합니다.

'최악의 상황 예상'으로 두려움 극복하기

그는 당시에 어떻게 고통스러운 사건을 극복했을까요? 스토아학파인 세네카의 다음 말에서 자신의 인생을 바꾸는 방법을 찾았다고 합니다. "우리는 실제보다 상상에 의해 더 많은 고통을 받는다."

그는 세네카의 글들을 보면서 '프레메디타치오 말로룸 premeditatio malorum'이라는 훈련법을 알게 되었습니다. 이는 라틴어로 '최악의 상황에 대한 예상'을 의미합니다. 최악의 상황을 시각화해서 두려움 때문에 실행하지 못하는 것을 극복할 수 있도록 해주는 방법입니다.

그는 심란한 마음이 항상 문제였습니다. 그래서 자신의 생각을 종이에 적는 자신만의 '두려움 설정fear-setting법'을 개발했습니다. 우리가 흔히 하는 목표 설정 방법처럼요. 이 방법은 3장으로 구성됩니다.

첫 번째 장은 '만약에 ~한다면?'입니다. '정의하기' '예방하기' '고치기'로 구성됩니다.

먼저 '정의하기'에서는 벌어질 수 있는 최악의 상황을 모두 적습니다. 예를 들어 런던에 여행을 갔는데 비가 내려 우울해지고 시간만 허비하는 상황이 발생할 수 있습니다. 이런 경우를 10~20개 적어보는 겁니다.

이어 '예방하기'에서는 상황에 대한 구체적인 해결책을 적습니다. 사건이 일어나지 않도록 막을 수 있는 방법이나 가능성을 낮출 수 있는 방법을 적는 것입니다. 예를 들어 비가 내려서 밖에 못 나가니 우울해지지 않기 위해 실내에서 할 수 있는 걸 미리 준비해가는 거죠.

마지막으로 '고치기'입니다. 미리 준비를 했지만 진짜 최악의 상황이 발생했을 때 어떻게 할지를 고민해보는 겁니다. 혹은 누구에게 도움을 요청할지 적어보는 겁니다. 런던에 비가 온다면 돈이 들더라도 스페인으로 가는 방법을 생각해봅니다. 따뜻한 햇볕을 쬐며 우울한 기분을 날려버리는 거죠.

두 번째 장은 간단합니다. 시도나 부분적인 성공의 이점은 무엇인가라는 질문을 고민해보는 겁니다. 자신감, 실력, 감정, 경제적 측면 등에서요. 이런 걸 해보는 건 우리가 너무 두려움에 위축되어 우리가 얻을 수 있는 것을 고민해보지 않기 때문입니다.

세 번째 장은 가장 중요한 부분입니다. '시도하지 않았을 때의 대가'입니다. 예를 들어 연봉협상을 하는데, 아무런 시도를 하지 않았다고 생각해보죠. 그러면 상대는 앞으로도 여러분에게 더 좋은 보상을 제시하지 않을 가능성이 높습니다. 시도하지 않았을 때의 대가를 생각해보면 현상유지가 그리 좋은 것은 아니라는 걸 알 수 있습니다.

스스로에게 한번 질문해볼까요? 우리가 계속 시도하지 않았을 때 앞으로 6개월, 1년 , 3년 후 자신의 삶이 어떨지를요. 구체적으로 다양한 측면에서 생각해보세요.

편한 선택은 어려운 삶, 어려운 선택은 편한 삶

우리는 성공의 비결에 목말라 있습니다. 누가 성공했다고 하면 어떤 비결이 있는지 귀를 쫑긋 세우고 듣습니다. 그런데 막상 듣고 보면 '그게 나에게 맞나'라는 생각을 합니다. 그리고 또 다른 사람들의 성공비결을 들으러 다니죠.

그런데 우리가 성공하지 못하는 이유는 실행에 대한 두려움 때문입니다. 할 수 있는 능력은 있지만 마음이 따라오지 않는 겁니다. 가오위안은 저서 『하버드 행동력 수업』에서 말합니다. "많은 사람들이 실패하는 건 깊이 생각하지 않아서가 아니라 위기가 찾아왔을 때 쉽게 포기하기 때문입니다."

이럴 때 우리에게 필요한 건 내가 정말 두려워하는 게 무엇인지 생각해보는 겁니다. 내가 두려워하는 게 뭔지도 모르는 상황에서는 제대로 실행을 할 수 없기 때문입니다.

팀 페리스의 경우는 스토아학파의 극기주의에서 그 답을 찾았습니다. 극기주의란 인내를 가지고 불행을 극복하려는 자세를 말합니다.

여러분 앞에 여러분이 하고 싶은 걸 하지 못하게 하는 수많은 장애물들이 분명 존재할 겁니다. 그런 장애물을 하나씩 제거하고 싶다면 내가 가지고 있는 두려움을 먼저 정리해보는 것이 필요합니다. 그 후 그 두려움을 극복하는 방법을 생각해보세요. 성공의 비법을 어떻게 실행할지보다 말입니다.

우리는 누구나 두려움을 가지고 있습니다. 중요한 건 두려움 그 자체가 아닙니다. 성공을 통해 얻을 수 있는 걸 생각하는 것처럼 두려움을 극복했을 때 얻을 수 있는 걸 찾는 것이 더 중요하지 않을까요?

아무리 능력이 뛰어난 사람도 어떤 일을 실패했을 때 자신에게 닥칠 수 있는 위험을 고민합니다. 그게 금전적이든, 감정적이든 말입니다.

이런 측면에서 능력은 중요하지 않습니다. 일단 극복하려는 자세가 더 중요합니다. 이게 바로 그가 말한 극기주의가 아닐까요? 두려움이라는 괴물에 미리 굴복하지 않기를 바랍니다.

"노력할 만한 가치가 없는 사소한 일 따위는 없다.
마찬가지로 최선을 다해도 이룰 수 없을 만큼 커다란 일도 없다."
_ 잭 웰치(기업가)

관점을 바꿔봐
또 다른 방법이 보일 거야

로리 서덜랜드

우리 인간은 삶의 통제권을 가질 수 있습니다.

내가 어떻게 바라보느냐가 핵심이기 때문입니다.

관점을 바꾸면 오히려 기회일 수도 있습니다.

문제를 기회로 바꾸는 방법을 이 강연으로 찾을 수 있습니다.

저희 집에는 이케아에서 구매한 분리수거 수납장이 있습니다. 이 분리수거 수납장은 사실 옷을 정리하는 데 사용해도 큰 문제가 없습니다. 그런데 잘 사용하지도 않으면서 여전히 분리수거 수납장으로 사용하고 있습니다.

지금 이야기한 수납장처럼 우리는 어떤 제품이 특성 기능으로 판매되고 있으면 그 제품은 무조건 그 용도로만 사용해야 한다고 생각합니다. 판매자 입장에서는 그렇습니다. 그래야 유사한 형태의 제품을 만들어 옷 수납장으로 팔 수 있으니까요. 그래서일까요? 관점의 전환은 어렵습니다. 왜냐하면 고착화된 사고 때문입니다.

시각을 조금만 바꾸면 의미가 달라진다

어떤 대상을 다른 관점으로 보면 어떨까요? 주변에 있는 것들을 기존의 용도에서 벗어나 다른 용도로 사용할 수 있는 방법을 생각해보면 어떨까요? 광고 전문가인 로리 서덜랜드Rory Sutherland는 테드 강연에서 관점에 대해 이야기합니다. 여러분이 성장을 하든, 나다움을 찾든 이런 관점은 매우 중요합니다.

여러분은 다음 사람들에게서 어떤 느낌이 드나요? 첫 번째, 그냥 홀로 서서 창을 바라보고 있는 사람, 두 번째, 담배를 들고 서서 창밖을 바라보고 있는 사람.

그는 이 두 사람을 말하며, 첫 번째는 조금은 극단적이지만 친구가 없고 반사회적인 사람, 두 번째는 분위기 있는 철학자로 보인다고 말합니다. 영화나 드라마에서 가끔 본 기억이 있을 겁니다. 그가 여기서 말하고 싶은 건 무엇일까요? 동일한 대상을 보더라도 어떤 관점에서 보느냐에 따라 느낌이 다를 수 있다는 것입니다. 흔히 말하는 '리프레이밍reframing'의 힘입니다.

또 생각해볼까요? 연금 수급자와 청년 실업자 중 여러분이 생각하기에 누가 더 행복할까요? 그는 연금 수급자가 더 행복하다고 말합니다. 왜냐하면 연금 수급자는 자기 스스로 수급자가 되기를 선택한 반면, 청년 실업자는 그렇지 않기 때문입니다. 동일한 처지이지만 자기 통제 관점에서 봤을 때는 다른 느낌을 줍니다.

영국의 중상류층은 이 문제를 완벽하게 해결했습니다. 어떻게 했을까요? 실업을 재정의했습니다. 실업을 '1년 휴직a year off'이라고 부른 거죠. 어떤가요? 말을 좀 바꿨을 뿐인데 실업보다 긍정적인 느낌이 들지 않나요? 그가 말하고 싶은 건 우리의 경험, 비용, 물건의 가치는 사실 '우리가 어떻게 바라보느냐'에 달려 있다는 것입니다. 이것이 바로 리프레이밍입니다.

이런 면에서 우리는 삶의 통제권을 가질 수 있습니다. 내가 어떻게 바라보느냐가 핵심이기 때문입니다. 세금에 대해서도 한번 생각해보죠. 2만 파운드를 건강 관련 세금으로 낸다면 어떤 생각이 드나요? 국가가 세금만 뜯어간다고 생각하기 쉽습니다. 사기를 당했다는 느낌이 들지도 모릅니다. 그런데 2만 파운드를 병원에 기부한다면? 여러분은 아마도 자선가로 불릴 겁니다.

심리학적 관점이 새로운 방안을 도출하다

사실 우리는 모든 것을 경제·기술 관점에서 해결해왔습니다. 그런데 행동경제학이 대두된 이후에는 심리적 측면에 집중하기 시작했습니다. 로리 서덜랜드는 심리학적 측면을 통해 관점을 달리해야 한다고 강연에서 말합니다.

유로스타는 한국의 KTX처럼 빠른 속도로 달리는 국제 특급

열차입니다. 파리와 런던의 이동시간을 줄이기 위해 만들어졌습니다. 유로스타 개통에는 600만 파운드가 들었습니다. 그런데 이 비용의 0.01%를 들여 무선인터넷 설치에 사용했다면 어땠을까요? 또한 비용의 10%를 들여 슈퍼모델 승무원을 고용했다면요? 열차의 속도는 조금 줄어들을 수 있지만 사람들은 오히려 기차에서의 시간을 더 즐길 수 있지 않았을까요?

서덜랜드가 말하고 싶은 것은 '왜 우리는 심리적인 측면에서 접근하지 못하느냐'입니다. 예를 들어 사업을 추진한다고 하면 숫자 중심으로 판단해버립니다. 그러면서 창의적인 아이디어를 찾으려고 합니다. 이런 기계적인 사고가 창의적이고 심리적 접근보다 앞서는 게 현실입니다.

훌륭한 심리학적 문제해결 사례가 있습니다. 바로 '열차의 전광판'입니다. 런던 지하철의 승객 만족도를 개선한 가장 대표적인 사례입니다. 사람들이 기다리는 시간을 최소화하기 위해 열차간격을 줄이는 것이 아니라 전광판을 설치해 사람들이 얼마나 더 기다려야 하는지를 알려준 겁니다.

잘 생각해보면 사람들은 시계를 보며 7분을 기다리는 것보다 시계 없이 4분을 기다릴 때 더 민감합니다. 시간을 알 수가 없어 계속 짜증을 내는 거죠. 비행기를 타는 시간이 길더라도 마음이 맞는 친구와 대화를 하면 시간이 더 짧게 느껴지는 것과 같은 원리일 겁니다. 기능적 접근보다는 심리적 접근이 더 중요한 건 바로 이런 이유 때문입니다.

그는 경제·기술과 함께 심리적인 측면이 고려되었을 때 '스윗 스팟(Sweet Spot, 공을 맞히는 최적의 지점)'을 찾을 수 있다고 말합니다. 예를 들어 고속도로 통행료를 500원 더 받는다고 하면 사람들은 왜 500원을 더 받는지에 대한 불만을 쏟아낼 겁니다. 사람들에게는 500원 그 자체보다 돈을 더 받는 것이 문제가 되기 때문입니다. 그런데 이 500원을 고속도로에서 사고가 나 장애인이 된 사람들을 위한 지원금으로 사용한다면 어떨까요? 그때는 500원은 문제가 되지 않습니다. 마음이 중요한 거죠.

신호등도 한번 생각해볼까요? 자동차를 운전하다 보면 성격이 급해집니다. 그러다 보니 선출발, 선진입하는 경우가 발생하죠. 이럴 때 빨간불이 얼마나 남았는지 시각적으로 미리 알려주면 어떨까요? 그러면 다른 신호를 보고 미리 예측해 출발하는 일이 조금은 줄어들지 않을까요?

관점을 전환해 나를 다시 보자

우리가 안고 있는 많은 문제들은 관점만 바꾸면 해결될 수 있는 것들이 많습니다. 문제에 달려들어 무작정 비용과 손실 등의 경제 기준, 기술 수준 같은 잣대를 들이대면 사실 문제를 해결하는 데 한계에 봉착합니다. 우리가 가지고 있는 자원은 한계가 있으니까요. 그런 기준을 조금만 벗어나면 새로운 해결방법을 찾을 수가 있습니다.

여러분이 무인도에 있다고 생각해보세요. 여러분에게 이 섬은 탈출해야 하는 곳입니다. 하지만 바다에서 표류하고 있는 사람에게 무인도는 사막의 오아시스 같은 곳입니다. 어떤 관점에서 보느냐에 따라 대상의 가치는 달라질 수밖에 없습니다.

여러분이 가지고 있는 특징을 장점과 단점으로만 분류해버리면 그 특징은 고정된 틀에서만 움직일 수밖에 없습니다. 하지만 그 특징 자체를 새로운 관점에서 보려 한다면 단점도 장점이 될 수 있는 기회가 생깁니다.

기계적으로 나의 장점과 단점을 만들기보다는 내가 가지고 있는 것들을 나열해놓고 새로운 관점에서 그것들을 어떻게 활용해볼 수 있을지를 고민해봐야 합니다. 그러면 성장과 나다움을 위한 새로운 기회를 찾을 수 있을 겁니다.

"인간은 오직 사고(思考)의 산물일 뿐이다.
생각하는 대로 되는 법!"
_ 마하트마 간디(민족운동 지도자)

남들과 달라도 돼
그게 너를 특별하게 만들어

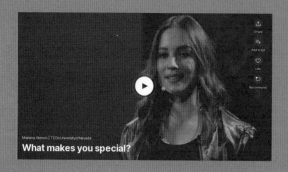

What makes you special?

마리아나 아텐시오

남과 다르면 걱정이 앞섭니다.

하지만 다르다고 걱정할 필요가 없습니다.

'다르다 = 특별하다'니까요.

나는 그 자체로 특별한 존재입니다.

해외여행을 가면 참 다양한 사람을 만날 수 있습니다. 또한 다양한 국적의 사람을 볼 수 있습니다. 지금이야 글로벌 시대여서 그런 사람들을 이상하게 보지는 않지만 여전히 우리는 누군가의 '다름'을 보면 자꾸 다르게 생각합니다. 이 다름은 그냥 다름일 뿐인데 말이죠.

차별이란 것도 이 다름을 다르게 보기 때문에 생긴 것일지도 모릅니다. 그냥 한 사람으로만 보면 차별이 발생하지 않을 텐데 말이죠.

이번 테드 강연에서는 여러분이 가진 다름을 이야기합니다. 다름을 통해 한 사람이 어떻게 특별해질 수 있는지를 생각해보고자 합니다.

'다르다'를 이상하게 여기는 잘못된 인식

마리아나 아텐시오Mariana Atencio는 저널리스트입니다. 그녀는 베네수엘라의 수도 카라카스에서 자랐습니다. 카라카스는 빈부 격차가 매우 심한 지역입니다. 카라카스 도심부는 마천루와 고급주택이 형성되어 있지만 여기를 조금만 벗어나면 산 중턱에 수많은 빈민촌이 형성되어 있습니다.

그녀는 테드 강연을 통해 자신이 왜 저널리스트의 삶을 살기로 결정했고 자신이 배운 것이 무엇인지를 말합니다. 그녀의 이야기는 자신이 자란 카라카스에서부터 시작됩니다.

그녀의 부모님은 그녀가 어렸을 때부터 좀더 큰 세상을 보기 원했습니다. 그래서 그녀가 7세 때 동생과 함께 미네소타주의 브레이너드Brainerd라는 도시로 여름캠프를 보냈습니다. 그녀는 마이애미나 미키마우스가 있는 올랜도를 생각했지만 부모님은 사람들이 잘 모르는, 아무런 정보를 찾을 수 없는 곳으로 보내버렸습니다.

처음 그곳에 도착했을 때 그녀는 금발에 파란 눈의 아이들을 만났습니다. 첫날 캠프파이어 시간에 캠프 담당자는 "올해는 아주 국제적인 캠프가 되었어요. 아텐시오는 베네수엘라에서 왔어요"라고 말했습니다. 다른 아이들은 그녀와 동생이 다른 행성에서 온 것처럼 바라보았습니다.

아이들은 "햄버거가 뭔지 아니?" "학교에는 당나귀나 카누를 타고 다니니?" 같은 질문을 던졌고, 그녀가 어설픈 영어로 대답을 하려고 하면 아이들은 그냥 웃어버렸습니다.

어린 나이의 아이들은 낯선 곳에서 온 사람들을 정말 신기한 눈으로 쳐다봅니다. 아직 자기가 살고 있는 지역 외에 다른 곳들이 얼마나 많은지 모르니까요. 그녀 또한 이런 사실을 알았지만 여름 캠프 동안 매일 눈물이 났습니다.

이대로 있을 수는 없어 그녀는 미국인의 삶을 가능한 한 모두 받아들였습니다. 그리고 여름 캠프 실험이라고 부르는 이것을 미국인도 잘 알지 못하는 도시에서 8년 동안이나 했습니다. 이 실험을 통해 친구를 사귄 것은 그녀에게 매우 특별한 보상이었습니다.

모든 사람은 존중받고 인정받고 싶어 합니다. 하지만 그런 일은 저절로 일어나지 않습니다. 자신이 그들과 어울리기 위해 노력할 필요도 있습니다. 그늘에게 도움이 될 만한 사람이 되어야 합니다.

고등학교 때는 부모님이 그녀를 코네티컷주의 월링포드Wallingford로 보냈습니다. 그곳에 도착했을 때 그녀의 룸메이트가 미리 와 있었습니다. 룸메이트는 바레인에서 온 파티마Fatima라는 친구였습니다. 이 친구는 이슬람교도로 머리에 두건을 두르고 있었습니다. 아텐시오는 자신이 기대한 룸메이트의 모습과 달라 실망했습니다. 파티마도 느꼈을 것입니다. 그녀는 인기 있는 사람이 되고 싶었고 무도회에서 남자친구도 사귀고 싶었지만 파티마의 수줍어하는 듯한 태도와 복장은 이런 일에 걸림돌이 된다고 생각했습니다.

이런 그녀의 모습은 자신이 어렸을 때 겪은 "햄버거가 뭔지 아니?"라는 말을 들었을 때의 느낌을 파티마에게도 준 것이었습니다. 스스로 이기심에 사로잡혀 파티마 입장에서 생각해보지 못한 것입니다. 파티마는 나중에 상담사와 살게 되어 함께 있는 시간은 얼마 되지 않았습니다. 그녀는 이런 자신의 모습에서 어떤 것을 깨달았을까요?

'다르다'는 것은 나를 특별하게 만드는 것

우리는 누군가를 나와 다르다는 이유로 인간적으로 비하합니다. 사람이 아닌 '다른 것'으로 치부합니다. 이렇게 생각하는 건 우리의 문제입니다.

우리가 어떻게 해야 이런 맹점을 인식할 수 있을까요? 그녀는 다른 특징들을 포용하면서 다르게 만드는 것이 무엇인지를 이해하는 것에서부터 시작해야 한다고 강연에서 말합니다. 이렇게 해야 다른 사람을 특별하게 만드는 게 무엇인지 알 수 있습니다.

파티마와 처음 만난 지 두 달이 지난 후 자선쇼가 있었습니다.

그녀도 이 쇼에 참여해 재능을 경매에 부쳐야 했습니다. 친구들은 바이올린 연주와 독백연기를 준비하기도 했습니다. 그녀 또한 자신이 살던 곳에서 하지 않은 새로운 것에 도전하고 싶었습니다.

재능을 보여주는 날, 그녀는 붐박스(boom box, 2개 이상의 스피커)를 장착하고 있는 휴대용 재생기의 플레이 버튼을 누르고 당시 뜨고 있던 콜럼비아의 인기가수 샤키라Shakira의 노래를 틀며 댄스 수업을 경매에 부쳤습니다. 많은 친구들이 입찰에 응했고, 그녀는 그날 단연 돋보이는 인물이었습니다.

기숙사로 들어온 후 그녀는 자신이 다른 사람들과 다르지 않다는 것을 느꼈습니다. 한편으로는 자신이 정말 특별하다고 느꼈죠. 문득 파티마를 생각하며 자신이 그녀의 특별함을 보지 못한 것은 아닌지 생각했습니다. 사실 샤키라의 가족은 중동 출신이었는데, 만약 그녀가 중동의 민속무용인 밸리댄스에 대해 이야기했다면 파티마가 자신에게 밸리댄스 한두 개쯤은 가르쳐주었을 텐데 말이죠.

그녀는 "무엇이 여러분을 특별하게 만드는지 적어보고 그것을 봤으면 한다"고 강연에서 말합니다. 그것을 보면서 안정된 느낌을 가질 수 있습니다. 조금은 부끄러울 수 있지만 자랑스러울 수도 있습니다.

어찌 되었든 그것을 받아들이는 게 필요합니다. 이것은 '다름'

을 특별하게 만드는 것에 대해 감사하는 첫 번째 단계이기도 합니다.

그녀는 베네수엘라로 돌아온 후 이 경험들이 자신을 어떻게 변화시켰는지 알았습니다. 다른 사람들과 낯선 장소를 경험하며 그녀는 다른 사람 입장에서 생각하는 것의 중요성을 알게 되었고 저널리스트가 되었습니다.

'정상적'인 게 따로 정해져 있는 건 아니다

우리는 어떻게 하면 편협한 시각에서 벗어날 수 있을까요? 그녀는 '다르다=다르게 생각한다'라는 것을 깨닫는 것이라고 말합니다. 다른 사람의 입장에서 생각해보는게 중요하다는 것입니다. 하지만 그녀에게도 이것은 말처럼 쉬운 일은 아니었습니다.

그녀의 동생은 교통사고로 심한 부상을 입었다고 합니다. 다시는 걸을 수 없다는 의사도 진단도 들었습니다. 동생은 휠체어 신세를 질 수밖에 없었습니다. 2년 동안 15차례의 수술을 받았습니다.

그런데 최악의 상황은 따로 있었습니다. 사람들이 동생을 보는 태도의 변화였습니다. 사람들은 동생을 위트와 친절한 마음씨를 지닌 성공한 변호사로 보지 못했습니다. 그저 휠체어에 탄 불쌍한 소녀로만 볼 뿐 그 이상을 보지 못했던 것입니다.

그녀가 진심으로 말하고 싶은 건 어떤 차이가 여러분을 규정하지 않는다는 것입니다. 물론 여러분 스스로 자신의 차이를 다시 보는 것이 쉬운 일은 아니겠지만 그것은 가장 아름다운 일일 것입니다.

혹시 여러분도 다른 사람과 다른 점이 있나요? 사람들은 평균을 지향합니다. 그래서 자신이 누군가와 다르면 이상하다고 생각하며, 사람들이 말하는 '정상'을 따라가려고 합니다. 하지만 그 정상이란 게 정해져 있는 건 아닙니다. 그건 우리 사회의 시각일 뿐입니다. 우리가 살고 있는 지역을 벗어나면 오히려 우리가 알고 있는 게 정상이 아닐 수도 있습니다.

거리를 걷다가 외국인을 보며 이상하다고 생각할 수 있습니다. 하지만 우리가 외국에 나가면 어떤가요? 우리가 이상한 사람이 되죠. 결국 우리 모두는 그냥 사람일 뿐인데 말입니다. 여러분이 가지고 있는 차이란 것도 사람으로서 가지고 있는 하나의 특성일 뿐입니다.

우리는 자신을 특별하게 만들기 위해 다양한 치장을 합니다. 하지만 그 치장이 우리가 가진 어떤 다름을 통해 만들어져야 차별화가 됩니다. 그래야 특별해집니다. 그런데 모두가 다 똑같은 것을 보고 똑같이 행동한다면 차별화가 될까요? 자꾸 다른 사람을 보며 나만의 차별점을 찾으려 하지만 진정한 나만의 차별점을 찾기가 쉽지 않습니다.

이 강연을 통해 여러분이 알았으면 하는 건 '나는 나 그 자체로 특별하다'라는 것입니다. '평균', '상식', '정상'이라는 단어에 빠져 자신의 특별함을 놓치지 않았으면 합니다.

"나는 젊음이요, 나는 기쁨이요,
나는 알에서 갓 깬 작은 새다."
_ 제임스 매튜 배리(소설가이자 극작가)

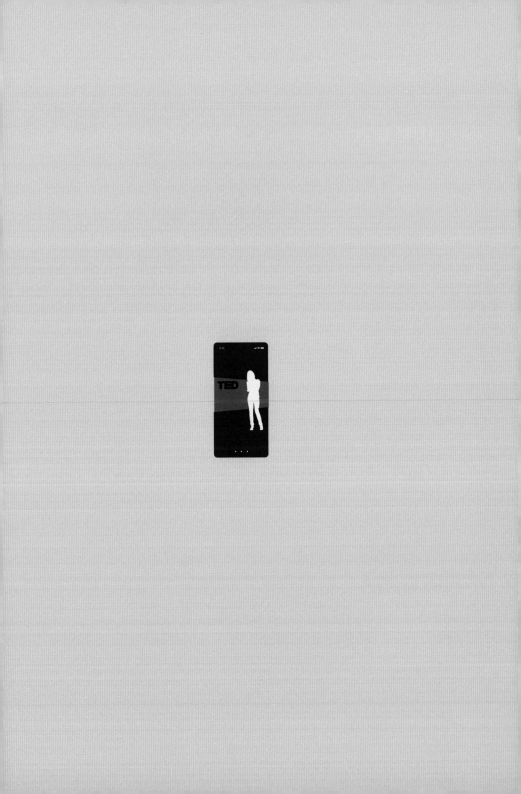

지금 정체되어 있다면
코치를 찾아봐

Atul Gawande | TED2017

Want to get great at something? Get a coach

아툴 가완디

혼자 무언가를 하기에는 힘들고 버겁지 않나요?

매일 잘해보자고 다짐하는데도 말이죠.

그럴 때는 전문가인 코치를 찾아보세요.

그러면 아마도 새로운 문이 열릴 겁니다.

혼자 일을 하다 보면 '지금 잘 가고 있는 건가?' '과거보다는 나아지고 있는 건가?'라는 생각을 많이 합니다. 분명 계속 학습은 하고 있고 무언가는 머릿속으로 들어가고 있는데 나아지고 있다는 느낌이 들지 않는 겁니다. 그러다 보면 스스로 정체감에 빠질 때가 많습니다.

이럴 때 드는 생각이 '누가 나에게 조언을 좀 해주면 좋을 텐데'라는 것입니다. 독학으로 공부하는 것도 좋지만 누가 조언을 해주면 더 쉽고 빠르게 할 수 있을 것 같다는 생각 때문입니다. 그래서인지 요즘에는 '코칭'이란 단어를 많이 사용하고 있습니다.

정말 코치가 필요할까?

아툴 가완디Atul Gawande는 테드 강연에서 코치의 필요성에 대해 이야기합니다. 의사라는 전문직임에도 불구하고 왜 그는 코치가 필요하다고 생각했을까요? 일반 사람이 아닌 전문직도 어떤 이유로 코치가 필요한 걸까요? 코치가 필요한 이유를 한번 들어보죠.

그는 인도 북쪽에 있는 출산 센터를 방문한 적이 있었습니다. 그곳 사람들은 어려운 환경 속에서도 열심히 일을 하고 있었습니다. 그럼에도 신생아 20명 중 한 명이 사망하고, 산모는 다른 지역에 비해 사망률이 10배에 달했습니다. 도대체 왜 이런 일이 벌어지는 것일까요?

우리는 지난 수십 년 동안 신생아 사망률을 낮출 수 있는 방법을 알고 있었습니다. 하지만 이 센터에서는 그런 방법이 갖추어지지 못했고, 이를 개선하기도 쉬워 보이지 않았습니다. 이곳에서 사용하는 장갑은 깨끗하지 않았습니다. 세제로 장갑을 깨끗이 씻어도 분만 시 묻었던 피는 여전히 사라지지 않았죠.

신생아의 10%는 어디서든 호흡곤란 상태로 태어납니다. 이럴 때 숨을 쉬도록 깨끗한 천으로 아기를 말려주고, 효과가 없으면 마스크를 씌어줍니다. 그런데 여기서는 이런 조치가 무의미합니다. 아기용 마스크가 이미 망가져 있기 때문입니다.

이런 상황에서는 성공적인 팀이 필요했습니다. 센터에 있는 사람들은 전문가였지만 그럼에도 이런 상황은 나아지지 않았습니다. '어떻게 하면 나아질 수 있을 것인가'가 그의 고민이었습니다.

그는 전문가들이 어떻게 하면 일을 더 잘할 수 있을지에 대해 고민했습니다. 우리가 보통 생각하는 방법은 2가지입니다. 하나는 교육입니다. 학교 가서 공부하고 연습하고 졸업해서 사회에 진출하는 것입니다. 전문가는 스스로 실력을 향상시키는 사람이죠. 의사, 변호사, 과학자 등 대부분의 전문가들은 스스로 실력을 향상시킵니다. 다른 하나는 무엇일까요? 스포츠 분야에서는 "코치가 필요하다"고 말합니다. 보통의 사람들뿐만 아니라 위대한 사람도 말이죠.

그 또한 이를 생각해봤습니다. 자신이 수술을 하는데, 그 수술을 보고 비판을 해주면 돈을 준다? 어떤 생각이 드나요? 조금 이상하지 않나요? 어떤 게 맞을지 그도 고민했습니다.

그는 하나의 사례를 이야기합니다. 1875년 하버드대학교와 예일대학교는 최초로 미식축구 시합을 했습니다. 예일은 수석 코치가 있었던 반면 하버드에는 없었습니다. 결과는 어땠을까요? 30년 후 하버드는 단 4차례만 우승했습니다. 하버드는 결국 코치를 고용했습니다.

그런데 그가 궁금해했던 건 바로 이것입니다. '스포츠 분야에

서의 이 방법이 과연 다른 분야에도 적용될까?'

바이올린 연주가 이츠하크 펄먼Itzhak Perlman이 있습니다. 그는 20세기의 가장 뛰어난 바이올린 연주가로 1945년 이스라엘에서 태어났죠. 어렸을 적에 소아마비를 앓아서 앉아서 연주를 합니다. 아툴 가완디는 '이런 위대한 사람도 코치가 있을까'라는 생각을 했습니다. 그래서 이츠하크 펄먼에게 전화를 걸어 물어봤죠. (이츠하크 펄먼은 〈뉴요커〉 지에 글을 써서 사람들이 전화를 걸면 받아주었다고 합니다.) 다음은 그와 펄먼이 전화로 이야기한 내용입니다.

"바이올린 연주가는 왜 코치가 없나요?"

"잘 모르겠지만 저는 항상 코치가 있었습니다."

"있었다고요?"

"예, 제 와이프 토비요."

토비는 이츠하크 펄먼과 줄리어드 음대를 같이 졸업해 콘서트 바이올린 연주가로 활동했지만 코치가 되기 위해 직업을 포기했습니다. 대신 이츠하크 펄먼의 연주를 관람석에서 앉아 보고 들으면서 피드백을 줍니다. 이런 거죠.

"중간 부분에서 약간 기계적인 소리가 났어요. 알죠? 다음에는 다르게 할 수 있죠?"

혼자 하는 것보다 코치를 두자

지금까지의 이야기를 들으면 어떤 생각이 드나요? 코치가 필요하다고 생각되지 않나요? 혼자 하는 것도 좋습니다. 그런데 혼자 하면 자신의 문제를 인식하기 쉽지 않습니다. 설사 알더라도 개선이 쉽지 않죠. 그 또한 이런 일이 발생했습니다.

그가 2003년 의사 일을 시작한 후 학습곡선은 꾸준히 높아졌습니다. 환자들의 합병증률은 지속적으로 떨어졌습니다. 하지만 5년 후부터는 수치 변화가 없었습니다. 더 이상 실력이 나아지지 않은 거죠. 그러면서 그는 '정말 이게 최선일까?'라는 생각을 했습니다.

그래서 그는 코치를 두기로 결심합니다. 은퇴한 전직 교수님인 밥 오스틴Bob Osteen에게 부탁했습니다. 수술실에 와서 지켜만 봐주시라고 말이죠. 결과는 어땠을까요? 그는 사실 많은 피드백이 없을 거라 생각했지만 교수는 사소한 것들이라며 메모로 가득한 종이를 가지고 왔습니다.

그는 이런 코칭이 힘들었다고 합니다. 상상해보면 누군가 자신의 모습을 항상 관찰하고 있고 자신의 잘못된 점에 일일이 지적을 하니 자존심에 상처를 입을 수도 있겠죠? 게다가 전문직 의사였으니 지적을 받아들이기 쉽지 않았을 겁니다. 그 또한 한동안은 열심히 일하고 싶지 않았다고 합니다. 하지만 2개월 후 실력이 향상되는 걸 느꼈고, 1년 후에는 환자들의 합병증률이 하락했습니다. 그에게는 무척 힘든 시간이었지만 코칭의 효과를 본 것이죠.

그는 자신이 맡고 있는 아리아드네랩Ariadne Labs이라는 건강시스템 혁신센터에도 코치를 두어 문제를 해결했습니다. 이 센터에서는 출산 관련 문제도 다루고 있었습니다. 그는 세계보건기구WHO에서 안전한 출산을 위한 체크리스트를 만든 적이 있었습니다. 그러나 이 체크리스트를 제공한다고 해서 달라질 게 없을 거라고 생각했습니다. 가르치는 것도 마찬가지였습니다. 그래서 코치를 받아보자고 제안했습니다.

이를 적용하기 위해 인도 정부와 협력해 120개의 출산센터에서 실험을 했습니다. 센터의 절반에서는 관찰만 했고, 나머지 센터에는 코치를 두었습니다. 코치는 의사, 간호사, 관리자를 교육시키고 치료를 관찰했습니다. 총 16만 건이 넘는 출산기록을 조사했습니다.

실험결과는 어땠을까요? 코치가 없었던 센터는 18개의 기본적인 체크리스트 중 3분의 1만 실행했습니다. 수년간의 실험기간 동안 어떠한 개선도 없었죠. 반면 4개월 동안 코치를 둔 센터는 8개월 후부터 개선이 되더니 체크리스트 3분의 2를 실행했습니다. 서비스의 품질도 개선되었습니다. 결과적으로 코칭이 효과가 있었습니다.

훌륭한 스승이 지금 필요하다

혼자 무언가를 이루어내는 것은 칭찬받아 마땅한 일입니다. 그런데 여러분도 알고 있듯이 사회는 빠르게 변하고 있습니다. 지금의 지식은 순식간에 불필요하게 되고 또다시 새로운 기술을 배워야만 하는 시대가 왔습니다.

이뿐인가요? 혼자서 하기에는 너무 많은 것들이 연결되어 있습니다. 1인 기업을 하더라도 혼자서 모든 것을 다해내며 오랫동안 살아남기는 어렵습니다. 자신의 주특기가 있다 하더라도 그것 또한 치열한 경쟁 속에서 버티기가 쉽지 않습니다.

이런 상황에서 혼자서 모든 걸 다하기보다는 코치를 두어 자신이 가지고 있는 역량을 높이고 새로운 것을 자연스럽게 흡수하는 것이 필요합니다. 굳이 코치라는 용어를 쓰지 않아도 될 것 같습니다. 멘토, 스승, 어떤 용어를 쓰든 자신과 함께 같이 나아갈 수 있는 사람이 필요합니다.

괴테는 "독학으로 어떤 목표에 도달하면 무조건 칭찬하는 풍조가 있는데, 나는 오히려 비난받아 마땅한 일이라고 생각한다"라고 말했습니다. 괴테가 이렇게 말한 것은 독학이 나쁘다는 것을 말하고 싶은 게 아닙니다. 스승이 있다면 현재 자신이 달성할 수 있는 목표를 넘어설 수 있기 때문입니다. 스승이 있다면 1년이 걸릴 일도 사실은 6개월 만에 배울 수 있는 것이죠.

우리가 고수에게 수업을 듣는 것도 마찬가지 이유입니다. 혼자 배우면 어려운 것을 떠나 오래 걸리고, 딱 자기가 이해하는 수준까지만 알 수 있기 때문입니다.

만약 여러분에게 코치가 없다면 자신만의 코치를 만들어보길 권합니다. 그게 누구든지 말이죠. 자신에게 진심 어린 충고를 해줄 수 있는 사람으로요. 그러면 여러분이 막연하게 힘들다고 생각했던 것들이 점점 눈앞에 보여질 수 있을 거라 생각됩니다.

> 사람을 목적지까지 운반해
> 목표점에 다다를 수 있도록 인도하는 사람이 바로 코치다.
> _ 티모시 갤웨이(스포츠 코칭 전문가)

미래는 바뀔 거야
현재 모습에 집중하지 마

대니얼 길버트

10년 후 내 모습은 어떻게 변해 있을까요?

그 누구도 어떤 모습으로 변할지 예측하지 못합니다.

시간의 힘은 생각보다 강력합니다.

지금의 내 모습에 좌절할 필요가 없습니다.

우리는 항상 미래를 궁금해합니다. 저도 앞으로 미래가 어떻게 바뀔지에 대해 항상 생각합니다. 그래서 매년 나오는 트렌드 책을 봅니다. 도대체 앞으로 어떻게 하면 내가 잘 살아갈 수 있을까를 생각하면서 말이죠. 그런데 정작 우리는 자신의 미래 모습에 대해서는 큰 변화를 생각하지 않는 것 같습니다.

현재 자신의 모습이 앞으로도 이대로 계속될 것이라 생각합니다. 자신의 성격이나 가치관도 말이죠. 나이가 들어감에 따라 성격이나 가치관도 변한다는 사실을 과소평가합니다. 이번 테드 강연은 짧지만 깊이 생각할 수 있는 기회가 될 것입니다.

역사 환상의 종말, 변화는 생각보다 크다

이번 강연은 앞에서 한 번 들었던 대니얼 길버트의 이야기입니다. 그는 시간이 얼마나 영향력 있는지, 시간에 대해 우리가 잘못 알고 있는 것은 무엇인지 이야기합니다. 나이가 들수록 변화의 폭이 작아지면 시간이 더디 간다고 느낄 수 있습니다.

그런데 길버트는 우리가 이런 시간과 변화를 잘못 인식하고 있다고 말합니다. 그러면서 우리가 환상 속에 살고 있다고 말하죠. 어떤 환상일까요? 우리는 자신이 늘 되고자 했던 사람이 되었고 앞으로 남은 생도 현재의 모습으로 살아갈 것이라는 환상입니다.

좀 어렵죠. 무슨 이야기일까요? 시간에 따라 사람들의 개인적 가치는 변합니다. 사람들이 소중하게 여기는 가치에는 크게 3가지가 있습니다. 즐거움, 성공, 정직입니다.

누구나 그렇지만 나이가 들어가면서 이런 가치에 변화가 있습니다. 보통은 청년기에는 즐거움이, 중·장년기에는 성공이, 노년기에는 정직이 가장 중요하게 여겨지는 가치라고 합니다. 하지만 과거에 가지고 있던 가치가 현재에도 유지되거나 현재의 가치가 미래에도 유지되리라는 보장은 없습니다.

그는 7,519명을 대상으로 설문조사를 했습니다. 그들 중 절반의 사람들에게는 앞으로 10년간 자신의 가치가 얼마나 바뀔 것인지, 나머지에게는 지난 10년간 자신의 가치가 얼마나 변했는지를 물었습니다. 어떤 결과가 나왔을까요?

조사결과를 살펴보니 나이가 많아질수록 변화의 정도는 낮아졌습니다. 우리가 생각했던 답입니다. 그런데 중요한 건 이런 변화의 정도가 생각보다 그렇게 낮지 않았다는 점입니다. 18~68세의 모든 연령대가 앞으로 10년 동안 경험할 변화에 대해서는 과소평가를 했습니다.

변화의 크기를 예측한 정도를 보면 18세의 연령대는 실제로는 50세가 겪는 변화 정도만 예상했습니다. 사실은 변화의 정도가 더 큰데도 말입니다. 이렇게 미래 변화의 정도를 과소평가하는 경향을 그는 '역사 환상의 종말end of history illusion'이라고 부릅니다.

성격도 마찬가지입니다. '성격 5요인'이라는 것이 있습니다. 성격은 기본적으로 신경증, 외향성, 개방성, 수용성, 성실성이 있다는 겁니다.

그는 사람들에게 앞으로 자신의 성격이 10년간 얼마나 변할지, 또 지난 10년간 얼마나 변했는지 물어봤습니다. 이 결과 또한 나이가 들어감에 따라 변화의 정도가 낮았습니다. 그리고 사람들은 앞으로 10년간 자신의 성격 변화에 대해서는 과소평가했습니다.

취향도 빠르게 변한다

이런 결과는 사람들이 좋아하는 것과 싫어하는 기본적인 선호에서도 마찬가지입니다. 예를 들어 가장 친한 친구, 휴가, 취미, 음악 등도 마찬가지죠. 사람들에게 앞에서 한 조사와 마찬가지로 앞으로 10년간 지금 이야기한 것들이 바뀔 것이라고 생각하는지, 지난 10년간 그런 것들이 바뀌었다고 생각하는지 물었습니다.

결과는 어땠을까요? 앞의 결과들과 마찬가지입니다. 사람들은 현재 주변의 친구들과 10년 후에도 같이할 것이라 생각했습니다. 휴가도 마찬가지죠. 하지만 조사에 응한 사람들보다 열 살이 더 많은 사람들은 이런 것들이 많이 바뀌었다고 이야기했습니다.

이런 결과가 의미하는 건 무엇일까요? 그는 지난 10년과 앞으로 10년간의 차이가 발생하는 이런 결과가 중요한 의사결정을 어렵게 만든다고 합니다.

지금 여러분이 좋아하는 음악가를 생각해보세요. 그리고 10년 전에 좋아했던 음악가도요. 이제 질문을 해보겠습니다. "여러분은 현재 좋아하는 음악가가 10년 후 공연을 한다고 했을 때 돈을 얼마나 지불할 건가요?" 보통 이런 질문을 하면 129달러 정도를 이야기합니다. 그런데 10년 전 좋아했던 음악가가 지금 공연을 한다면 어떨까요? 얼마나 지불할 거라 생각하나요? 129달러보다 높을까요, 낮을까요? 실제 조사결과에서는 80달러밖에 나오지 않았습니다.

생각해볼까요? 이상적인 사회라면 사실 이 두 숫자는 동일해야 합니다. 그런데 어떤가요? 그렇지 않죠. 이는 아마도 기억의 용이함과 상상의 어려움 간의 차이 때문일 것입니다. 10년 전 자신의 모습은 기억하기 쉽지만 10년 후는 상상하기 어렵기 때문이죠.

그래서 사람들은 보통 "그건 생각하기 어려워"라고 말합니다. 하지만 이건 단순히 상상력의 문제가 아닙니다. 그가 궁극적으로 말하고 싶은 건 시간의 강력한 힘입니다.

시간은 우리의 선호, 가치, 성격 등을 바꿉니다. 사람들도 이 사실을 알고 있습니다. 하지만 늦게 알아차립니다. 과거를 볼 때에만 우리는 이런 변화를 알아차릴 수 있습니다.

모든 것이 끝났다고 생각하는 순간에도 변화는 계속 진행 중입니다. 지금의 우리 모습은 순간적이고 일시적입니다. 삶에서 변하지 않는 것은 '변화한다는 사실'입니다.

시간의 힘을 활용해 새로운 미래를 만들자

대니얼 길버트는 사람들이 시간의 힘을 과소평가한다고 이야기합니다. 변화는 언제든지 일어날 수 있고, 그 변화의 크기 또한 우리가 생각한 것보다 더 클 수 있습니다. 저는 그의 강연을 여러분이 자신의 현재 모습이나 어떤 기준에서 판단하지 않았으면 합니다.

혹시 현재의 자신의 모습을 과소평가하고 있지 않나요? 혹은 미래의 자신의 모습을 너무 부정적으로만 보고 있지 않나요? 사실 이런 것들은 변화가 아주 조금씩 일어날 것이라는 생각에서 비롯됩니다. 그런데 생각해볼까요? 모든 변화가 이렇게 조금씩 이루어지는 걸까요?

만약 여러분이 지금 어려운 상황에 처해 있다면 여러분은 자신의 미래 또한 부정적으로 볼 수밖에 없습니다. 시간의 힘에 따른 더 큰 변화를 기대할 수 있는데도 말이죠. 현재 기준에서만 자신을 판단한다면 우리는 타고난 조건 그 자체에서 한 발짝도 나아갈 수가 없습니다.

우리가 너무 시간의 힘을 무시하고 있는 게 아닐까요? 우리의 변화는 조금씩 일어날 수는 있지만 그 변화는 축적되고, 그 축적들은 모여 더 큰 힘을 발휘합니다. 또한 때로는 변화가 급격하게 일어나 현재 자신이 상상할 수 없었던 또 다른 모습이 되어 있기도 합니다.

같은 시간이 주어져도 어떤 사람은 시간을 밀도 있게 사용합니다. 그런 사람은 동일한 출발선에 있더라도 결승선에 더 빨리 도착할 수 있습니다.

우리가 가진 재능이 엄청난 차이가 있지 않은 이상, 우리는 시간의 힘을 통해 자신의 미래를 좀더 긍정적으로 바라볼 수 있습니다. 여러분이 시간의 힘을 활용해 더 밝은 미래를 만들었으면 합니다.

"절망을 안 느끼게 하는 최선은 일어나 무언가를 하는 것이다.
좋은 일이 일어나길 기다리지 말라.
나가서 무언가 좋은 일이 일어나게 하면
세상과 네 자신을 희망으로 가득 차게 할 것이다."
_ 버락 오바마(미국 전 대통령)

실패에 맞서서
가능한 한 완벽해지려고 해봐

존 바워스

스스로가 너무 피곤한 사람이라면

잠시 그 생각을 멈춰도 좋습니다.

완벽해지려는 그 모습은 언젠가는 빛을 발하니까요.

실패는 완벽함으로 가는 길입니다.

〈악마는 프라다를 입는다〉라는 영화를 본 적이 있나요? 영화를 보면 깐깐하기로 소문난 패션지 편집장 미란다가 어떤 벨트가 좋은지를 고민하는 걸 보고 앤드리아가 웃어버리는 장면이 나옵니다. 앤드리아는 어떤 벨트든 큰 차이가 없다고 생각한 겁니다. 그러자 미란다는 앤드리아가 입고 있던 스웨터에 대해 이렇게 말합니다. "넌 그 스웨터가 그냥 블루가 아니란 걸 모르는구나. 그건 터쿼즈Turquoise가 아니라 정확히는 셀룰리언Ceruliean 이라는 색이야."

우리가 볼 때는 다 블루처럼 보여도 그 안에 차이가 있다는 걸 말해줍니다. 영화에서도 그렇지만 이 한 장면만 봐도 미란다가 얼마나 완벽을 추구하는 성격인지를 알 수 있습니다.

완벽하지 않으면 큰 손실을 초래한다

존 바워스Jon Bowers는 UPS의 교육담당 매니저입니다. UPS 사이트에는 그를 '완벽을 추구하는 사람Perfection Seeker'이라고 소개하고 있습니다. 테드 강연 제목에서도 알 수 있듯이 그는 완벽을 추구해야 한다고 합니다. 강연을 듣다 보면 그가 영화 〈악마는 프라다를 입는다〉의 미란다 같은 느낌이 들기도 합니다.

그는 유사 도메인 광고를 언급하며 완벽의 중요성에 대한 이야기를 시작합니다. 아마 여러분도 유사 도메인 광고가 어떤 것인지를 알 겁니다. 유사 도메인이란 사람들이 주소를 잘못 입력해 접속하는 웹사이트에 광고를 띄워 돈을 버는 거죠. 예를 들어 'gmale.com' 'mikerowesoft.com' 같은 것입니다.

그런데 이런 실수를 아마존의 한 엔지니어가 합니다. 아마존의 슈퍼코드 중 작은 입력 실수를 한 겁니다. 하지만 이 실수로 엄청난 인터넷 속도 저하가 발생했고, 아마존은 1억 6천만 달러가 넘는 손해를 입었습니다. 단 4시간 만에 말이죠.

또 하나의 사례를 볼까요? 2012년에는 뉴잉글랜드컴파운딩센터The New England Compounding Center라는 약품제조사가 실험실을 제대로 청소하지 않아 70여 명 이상이 사망하는 사건이 일어났습니다. 이 사건은 미국에서도 크게 이슈가 된 사건입니다.

언제부터 우리는 입력 오류, 단순 실수 같은 것들을 적당히 해도 된다는 생각을 하게 된 걸까요? 언제부턴가 우리는 완벽을 추구하지 않고 있습니다. 우리는 완벽을 추구해야 하고 서둘러야 합니다.

그는 전문 운전기사들의 교육을 담당하고 있습니다. 이 교육 내용 중에는 '완성도 99%에 따른 대가'라는 실패비용이 있다고 합니다. 이게 무엇일까요? 이 업계에서는 일을 99%까지만 한다는 건 누군가가 죽는다는 걸 의미합니다. 매일 100명이 자동차 사고로 사망하는데 이는 매주 4대의 비행기가 추락하는 것과 같은 것입니다.

그는 운전기사들에게 완벽함을 추구하라고 합니다. 그래서 회사에 있는 13개의 글자로 된 방어 운전 프로그램을 외우게 한다고 합니다. 시험에서 단어 하나, 쉼표 하나라도 틀리면 불합격 처리가 됩니다.

유니폼 점검도 매일 합니다. 속옷은 흰색 혹은 갈색, 신발은 팡을 낸 섬성 혹은 갈색 구두만 신을 수 있습니다. 또한 운전자들에게 시간을 엄수하라고 합니다. 수업, 휴식, 점심시간에도 말입니다. 이렇게 하면서 그는 "모든 교차로를 확인하세요"라고 말합니다. 모든 교통 신호, 교차로, 가로등, 주차장, 횡단보도 등을요.

여러분이 들어도 존 바워스의 교육이 얼마나 까다로운지 느껴지지 않나요? 그래서 교육생 중에는 수업이 왜 이렇게 어렵고 엄격한지 묻는다고 합니다. 답변은 간단합니다. 완벽주의는 작은 것에서 시작해 큰일에도 적용되는 태도이기 때문입니다. 여러분도 알다시피, 작은 일을 제대로 해내지 못하는 사람이 중요한 일을 제대로 할 가능성은 없습니다.

특히 그는 교육생들이 집중력을 잃는 것을 용납하지 않습니다. 그 이유는 자동차에서 문자를 확인하는 4.5초 정도면 약 109.7m를 주파할 수 있기 때문입니다.

완벽하지 않으면 어떤 일이 생기는지 또 다른 예를 들어보겠습니다. 신용카드 발급이 99.9%의 완성도라면 어떨까요? 아마도 잘못된 정보가 표기된 신용카드가 100만 장 넘게 유통되고 있을지 모릅니다. 사전이 99%의 완성도라면 어떨까요? 잘못된 단어가 470개나 될 겁니다. 의사가 99%만 정확하게 진찰한다면요? 매년 445만 3천 장의 잘못된 처방전을 받게 될 것입니다. 더 나아가 매일 11명의 신생아가 다른 부모를 만날지도 모릅니다. 물론 이건 확률입니다.

현실은 이렇습니다. 미국 정부는 14억 달러짜리 항공기를 날려버렸습니다. 누군가 센서 하나를 깜빡해서 말입니다. 또 에어백 하나 때문에 3,400만 대의 자동차가 리콜이 되었습니다. 의료과실은 어떤가요? 의료과실은 미국 내 사망 원인 3위로 매년 25만 명이나 죽게 만듭니다. 우리가 99%의 노력만 하다 보면 이런 결과가 만들어지는 것입니다.

그는 최선을 다하는 것만으로는 충분하지 않다고 말합니다. 반드시 완벽을 추구해야 한다는 것입니다. 우주왕복선 챌린저호가 1986년 폭발한 원인도 사실 저가의 O링 고무밴드 하나 때문이었습니다. 그 사소한 것 하나 때문에 역사에 남을 비극적인 사건이 되었습니다.

실패야말로 완벽함으로 가는 길이다

사람들은 완벽함은 불가능하거나 완벽함으로 인해 자존감을 상실해 실패자가 될 수 있다고 말합니다. 하지만 그는 이 말에는 모순이 있다고 말합니다. 실패는 완벽으로 가는 디딤돌이라는 것입니다.

사람들은 실패가 자존감에 미칠 영향 때문에 완벽함을 추구하지 않습니다. 그러나 실패가 정말 자신을 무너뜨릴까요? 실패에 대한 두려움은 우리가 지금까지 말한 부정적 결과를 만들어 냅니다.

실패와 불완전함은 본질적으로 같은 것입니다. 불완전함은 우리 주변에 널려 있습니다. 우리는 너무 어렵고 힘들다고 생각하며 실패에 대응할 수 있는 능력을 활용하지 않고 있습니다. 이 정도면 괜찮다는 생각을 받아들이려 하고 있습니다.

그렇게 하면 앞으로 우리는 어떻게 되는 걸까요? 앞서 살펴본 비극적이고 혼란을 야기시키는 결과들을 마주하게 될지 모릅니다. 누군가는 이렇게 말할 수 있습니다. "최선을 다했으면 된 거 아닌가요?" 그는 단호하게 "아니다"라고 말합니다. 특히 그가 지금까지 말한 사례에서는요.

완벽함을 추구하는 게 힘들다고 말하는 건 게으르고자 하는 사람들의 변명일 수 있다고 합니다. 오늘날 의사, 테라피스트, 자기계발 관련 회사들은 완벽을 추구하는 것에 반대합니다. 자존감을 위한다는 명목으로요. 하지만 이런 자기계발 관련 산업에서는 실패를 받아들여 완벽해지기보다는 완벽의 수용 수준을 낮추는 방법에 초점을 두고 있습니다. 그것은 병이 아니라 증상에만 중점을 두는 것과 같다고 합니다. 사실 근원적인 문제는 '실패를 마주하려는 의지'가 없다는 것인데 말입니다.

우리는 결과에 집중하기보다 노력에 안주하는 것을 더 편안해합니다. 그렇게 되면 발전이란 게 있을까요? 성공에 있어 실패와 상실은 필수입니다. 미켈란젤로는 "우리가 가진 가장 큰 위험은 너무 높은 목표를 이루지 못하는 게 아니라 달성하기 쉬운 낮은 목표를 설정하는 것"이라고 했습니다. 실패는 포기해도 된다는 핑계가 아니라 동기를 부여하는 힘이 되어야 합니다.

완벽주의를 '실패를 용납하지 않는 파괴적인 것'으로 정의하는 대신 다르게 생각해보면 어떨까요? '옳은 것을 성취하기 위해 어려운 일도 마다하지 않고 도전하는 마음가짐'이라고요. 그러면 실패를 마주할 수 있지 않을까요? 우리는 실패의 두려움을 버리고 완벽을 추구할 때 우리가 얻을 수 있는 것에만 집중해야 합니다.

NBA 슈퍼스타 스테판 커리는 3점 슛을 연달아 77번 성공시켰습니다. 9.5인치의 공을 10피트 높이에 있는 18인치 골대에서 거의 24피트나 떨어져 80번 가까이를 골인시킨 것입니다. 또한 록히드마틴의 컴퓨터 프로그래머는 우주선을 궤도에 안착시키기 위해 모든 사항을 일일이 통제합니다. 만약에 우리가 완벽을 추구하지 않았다면 이런 일이 가능할까요?

매일 1%씩만 나아져보자

요즘처럼 워라밸, 욜로를 추구하는 분위기에 '완벽주의'는 거부감이 드는 용어입니다. '즐길 시간도 없는데 꼭 완벽해져야 하나?'라는 생각이 들 수도 있습니다.

사실 존 바워스의 강연을 여러분이 실제로 들으면 답답해할 수도 있습니다. 그런데 그가 말하는 완벽을 추구해야 한다는 그 자체는 누구를 위한 것도 아닌 여러분 자신을 위한 것임은 틀림없습니다.

여러분이 워라밸을 위해 퇴사를 한 후 자신이 가진 콘텐츠나 즐겼던 취미를 누군가에게 돈을 받고 팔 때, 완벽하지 않다면 어떻게 될까요? 처음에는 어느 정도 판매가 되겠지만 계속해서 판매되기는 어렵습니다. 또한 내가 하고 있는 일이 사소한 실수로 인해 큰 위험을 안겨다준다면 어떨까요?

그런 면에서 완벽을 추구하는 것이 필요합니다. 물론 그 과정 속에서 실패는 존재합니다. 하지만 적당히 하다가 그만두면 안 됩니다. 실패를 통해 새롭게 변신을 해야 합니다.

우리가 좋은 습관을 계속 유지하기 어려운 이유는 무엇일까요? 사실 이것도 완벽 추구랑 다르지 않습니다. 꾸준히 노력해 그게 자신의 몸에 붙도록 하는 것이 필요합니다.

적당히 하면 사실 습관이 될 수가 없습니다. 존 바워스가 교육 시설에서 운전기사들에게 교육하는 것처럼요. '완벽 추구'라는 의지 자체는 우리가 작심삼일에서 벗어날 수 있는 방법이기도 합니다.

무언가를 꼭 하고 싶은데 항상 달성하지 못한 이유를 한번 생각해볼까요? 그건 능력의 부족보다 꾸준함을 통해 완벽을 추구하지 못했기 때문입니다. 왕중추는 저서 『퍼펙트 워크』에서 말합니다. "어제보다 조금이라도 더 나은 자신이 되겠다라고 매일 다짐하고 그렇게 행동한다면 자신도 모르는 사이에 성공이 먼저 다가올 것입니다."

매일 1%씩만 자신이 나아진다고 생각해보세요. 3개월, 6개월, 1년 후의 여러분은 어떤 모습으로 변할까요? 현재의 자신보다

훨씬 더 멋진 모습으로 바뀔 겁니다. 그건 현재 내 자신이 불만족스러워서 그런 게 아니라 나날이 새로운 나를 발견하는 것입니다. 여러분 안에 있는 새로운 모든 것들을요.

"우리가 하는 일은 바다에 붓는 한 방울의 물보다 하찮은 것이다. 하지만 그 한 방울이 없다면 바다는 그만큼 줄어들 것이다."

_ 마더 테레사(수녀)

하루 한 번, 나를 이해하는 시간!

    여러분은 지금 누구를 생각하고 있습니까? 자신에 대해 생각하고 있나요? 아니면 다른 누구를 생각하고 있나요? 우리는 하루에 단 한 번도 자기 자신에 대해 생각하지 않을 때가 많습니다. 회사에서는 보고나 보고서 작성을 위해 상사나 고객을 생각하고, 연인 관계에서는 상대방을 생각하다 보면 '나'는 없습니다. 수많은 고전에서 '나'에 대해 생각해보라고 하는데도 말이죠.

    여러분이 이 책의 테드 강연들을 통해 내 삶으로 떠나는 여행을 무사히 마쳤다면, 지금쯤 '나'에 대해 진지하게 고민해봤을 것이라 생각됩니다. 어쩌면 이미 자신의 종착역이 어디인지도 알고 있을지 모르겠습니다.

    시간은 누구에게나 공평하게 부여되어 있습니다. 이 시간에 여러분이 어떤 생각을 하는지는 자유입니다. 그런데 그 시간에 '나'라는 사람을 조금 더 이해하고, 더 나아가 '내 삶의 의미'를 이해한다면 여러분의 남은 여정에서 후회는 없을 겁니다.

지금까지 여러분을 힘들고 두렵게 했던 것에 맞서 '나'라는 사람을 다시 되찾아보세요. 시간의 힘을 이용해 여러분의 스토리를 다시 만들어봤으면 좋겠습니다. 물론 그 스토리는 여러분의 과거, 현재와 연결되어 있을 것입니다.

의미 없는 삶은 없습니다. 지금까지 자신의 삶이 아무리 부정적이었다 해도 그 속에 의미는 존재합니다. 그리고 그런 의미가 없다면 여러분의 삶이 남들과 다른 특별한 삶이 될 수 없을 겁니다. 특별하다는 건 그만큼 내 삶이 나에게 충분히 가치가 있다는 걸 의미하니까요. 다른 사람에게도 말이죠.

누군가 여러분의 스토리를 듣고 싶다면 그건 여러분의 삶이 다른 사람과 달리 특별하기 때문입니다. 특별하지 않고 차이가 없다면 누가 여러분의 삶에 귀를 기울일까요? 하루 한 번, 자기 자신을 이해하는 시간을 가졌으면 합니다. 이 책에 제시된 키워드의 의미를 자신만의 관점으로 설명해보면서 자신의 삶을 살면 좋겠습니다.

이 짧은 에필로그가 여러분의 삶이 조금 더 밀도 있게 완성될 수 있는 시발점이 되길 바랍니다. 앞으로 있을 '내 삶을 찾아 떠나는 여행'이 때로는 어렵고 힘들어 포기하고 싶은 생각이 들 수도 있습니다. 하지만 모든 일에 있어 '의미'를 찾다 보면 그 여정을 잘 마무리할 수 있을 것입니다.

■ 독자 여러분의 소중한 원고를 기다립니다

메이트북스는 독자 여러분의 소중한 원고를 기다리고 있습니다. 집필을 끝냈거나 집필중인 원고가 있으신 분은 khg0109@hanmail.net으로 원고의 간단한 기획의도와 개요, 연락처 등과 함께 보내주시면 최대한 빨리 검토한 후에 연락드리겠습니다. 머뭇거리지 마시고 언제라도 메이트북스의 문을 두드리시면 반갑게 맞이하겠습니다.

■ 메이트북스 SNS는 보물창고입니다

메이트북스 홈페이지 www.matebooks.co.kr

책에 대한 칼럼 및 신간정보, 베스트셀러 및 스테디셀러 정보뿐만 아니라 저자의 인터뷰 및 책 소개 동영상을 보실 수 있습니다.

메이트북스 유튜브 bit.ly/2qXrcUb

활발하게 업로드되는 저자의 인터뷰, 책 소개 동영상을 통해 책에서는 접할 수 없었던 입체적인 정보들을 경험하실 수 있습니다.

메이트북스 블로그 blog.naver.com/1n1media

1분 전문가 칼럼, 화제의 책, 화제의 동영상 등 독자 여러분을 위해 다양한 콘텐츠를 매일 올리고 있습니다.

메이트북스 네이버 포스트 post.naver.com/1n1media

도서 내용을 재구성해 만든 블로그형, 카드뉴스형 포스트를 통해 유익하고 통찰력 있는 정보들을 경험하실 수 있습니다.

STEP 1. 네이버 검색창 옆의 카메라 모양 아이콘을 누르세요. STEP 2. 스마트렌즈를 통해 각 QR코드를 스캔하시면 됩니다. STEP 3. 팝업창을 누르시면 메이트북스의 SNS가 나옵니다.